Sandra Paré
Annie Germain, sexologue

J'veux
de
l'amour!

Illustration de la couverture :
Géraldine Charrette

ÉDITIONS
LASEMAINE

ÉDITIONS LA SEMAINE
Charron Éditeur inc.
Une société de Québecor Média
1055, boul. René-Levesque Est, bureau 205
Montréal (Québec) H2L 4S5

Directrice des éditions: Annie Tonneau
Directrice artistique: Lyne Préfontaine
Coordonnateur aux éditions: Jean-François Gosselin

Maquette de couverture: Lyne Préfontaine
Maquette et montage: Claude Bergeron
Illustration de la couverture: Géraldine Charette
Photographies des auteures: Christian Hébert
Réviseures-correctrices: Luce Langlois, Véronique Papineau, Jenny-Valérie Roussy

L'Éditeur bénéficie du soutien de la Société de développement des entreprises culturelles du Québec (SODEC) pour son programme d'édition.

Nous reconnaissons l'aide financière du gouvernement du Canada par l'entremise du Fonds du livre du Canada pour nos activités d'édition.

Remerciements
Gouvernement du Québec — Programme du crédit d'impôt pour l'édition de livres — Gestion SODEC

© Charron Éditeur Inc.
Dépôt légal: premier trimestre 2014
Bibliothèque et Archives nationales du Québec
Bibliothèque et Archives Canada
ISBN (version imprimée): 978-2-89703-172-5
ISBN (version électronique): 978-2-89703-173-2

Préface de Sandra

« Tu sais, Mom, tout ce que j'veux, c'est de l'amour » : voilà ce que ma fille m'a déjà dit alors qu'elle commençait à fréquenter les garçons.

Ce livre, je l'ai imaginé à la suite de cette toute petite phrase, en me disant que tu souhaites probablement, toi aussi, être aimée pour ce que tu es et non pas pour ce que tu peux donner « en échange » d'un peu d'amour et de romantisme dans ta vie. Comme mes quatre premiers ouvrages, celui-ci sera un guide que tu pourras facilement intégrer dans ton quotidien.

À mon avis, toutes les filles désirent être épanouies et responsables de leur bonheur, mais plusieurs ne savent pas comment y arriver. Qui sait, peut-être est-ce ton cas ? Je crois qu'entre tes hormones qui s'affolent, tes études, tes amis et la présence de la technologie dans ta vie, ce qui prime encore pour toi, c'est de combler tes besoins affectifs et tes besoins physiques… à ton rythme !

Je me suis alors demandé avec qui j'aimerais collaborer pour élaborer un tel ouvrage. Je cherchais une professionnelle en sexologie, une spécialiste en sentiments amoureux, une femme au grand cœur et, surtout, une mère moderne. Je savais que cette coauteure ajouterait des descriptions un peu plus « techniques » et remettrait en question plusieurs de mes stéréotypes liés à l'amour et à la sexualité. Cette personne est Annie Germain.

Nous avons créé une méthode qui te servira toute ta vie, la **Méthode ANISSAN©**. Tu es parmi les premières personnes au monde à pouvoir la mettre en application. Nous savons que cette méthode t'aidera à équilibrer ta vie et te permettra de mieux assumer tes choix personnels.

J'espère que la lecture de ce livre et l'application de nos conseils, tantôt sérieux, tantôt ludiques, sauront te faire comprendre que tu es unique, même si, pour le moment, tu ne le crois pas encore.

Sandra Paré

Préface d'Annie

« J'aurais besoin qu'un gars me prenne dans ses bras, que je me sente unique avec lui et que je compte vraiment pour lui ! » J'ai côtoyé des adolescentes en manque d'amour pendant 16 ans et, à ma grande joie, j'ai aussi été témoin de belles histoires d'amour. Certaines adolescentes ne se sentaient pas aimées de leurs parents, d'autres se sentaient rejetées par leurs collègues de classe et leurs propres amis, alors que plusieurs tentaient de trouver une façon de se sentir vues, reconnues, aimées et vivantes. Peut-être t'es-tu reconnue dans ces propos ?

En discutant avec Sandra Paré de nos projets respectifs d'écriture, elle me fit part de son grand désir d'écrire un livre dédié aux adolescents et portant sur l'amour. À ce propos, je sentis immédiatement la flamme jaillir en moi. Cette spécialiste du savoir-vivre et des communications est une femme qui aime et respecte les ados. Elle ose parler de sujets souvent tabous avec humour et aisance. Tout comme moi, elle fait confiance aux jeunes et en leur potentiel, et elle a le désir profond qu'ils se responsabilisent pour être heureux.

Alors que j'étais enseignante au secondaire, j'observais le mal-être éprouvé par plusieurs adolescents, mal-être provenant notamment d'un déséquilibre dans les différentes sphères de leur vie. En classe, j'utilisais alors un modèle sous forme d'ensembles qui illustraient aux jeunes la pertinence d'une vie riche, équilibrée et en santé. Ce modèle bonifié et enrichi par Sandra et moi est devenu la **Méthode ANISSAN©**, une méthode qui te permettra de prendre conscience du pouvoir et des ressources qui sommeillent en toi et qui ne demandent qu'à s'éveiller à ce que tu désires vraiment vivre.

Nous souhaitons que tu dévores avec appétit ce guide sur l'amour de soi, l'amour de l'autre et de la vie, mais avant tout, que tu l'utilises pour enrichir ton quotidien!

Annie Germain

Petites notes
pour la lectrice

Ce livre visait d'abord les lectrices de 12 à 16 ans. Toutefois, plusieurs adolescentes de plus de 16 ans qui ont eu le privilège de consulter le manuscrit avant sa publication nous ont fait remarquer que les trucs et stratégies proposés étaient tout aussi pertinents pour elles. Donc, si tu as ce livre entre les mains, ce n'est pas par hasard, c'est probablement l'amorce d'une nouvelle étape de ta vie, et ce, peu importe ton âge. Nous espérons que tu prendras plaisir à relever les défis, à tester les trucs et à dévorer les témoignages des ados.

Dans ce livre, tu trouveras plusieurs témoignages issus de diverses sources. Ceux-ci proviennent des adolescents que nous avons interrogés pendant l'écriture du livre, et également de ceux que Sandra a rencontrés en conférence et de ceux qu'Annie a côtoyés pendant ses nombreuses années d'enseignement. Afin de préserver la confidentialité des personnes ayant participé au guide, les noms ont été modifiés. Nous en profitons pour remercier chacune d'entre elles d'avoir accepté de collaborer à notre projet.

Tu remarqueras que, dans ce livre, nous utilisons les termes masculins pour désigner le ou la partenaire sans tenir compte de l'orientation sexuelle de la lectrice, cela dans le but de simplifier la lecture. De plus, grâce à la **Méthode ANISSAN©** et aussi à tous les défis et exercices que nous t'invitons à faire, tu auras accès à de multiples trucs et stratégies qui s'appliquent à toute personne, peu importe son orientation sexuelle et même son âge.

Commençons maintenant à parler d'amour, celui que nous cherchons toutes!

Qu'est-ce que l'amour ?

Ah, l'amour !

Tu rêves de rencontrer la personne qui fera chavirer ton cœur, d'avoir des amis extraordinaires qui seront toujours là pour toi et des parents qui, enfin, sauraient comprendre ce que tu traverses ? Bref, tu veux de l'amour. Rassure-toi, tu es tout à fait normale. Nous avons tous un grand besoin d'être aimés, et pour être aimés, nous avons avant tout besoin de nous aimer nous-mêmes.

L'amour, c'est quand on s'aime déjà assez soi-même pour ouvrir un second étage à notre cœur afin d'accueillir ceux qui veulent y entrer.

Pourquoi avons-nous besoin d'amour ?

Il est naturel d'aimer et d'être aimé d'une autre personne, puisque c'est un besoin émotionnel à la base même de l'être humain.

Lorsqu'une personne aime et se sent aimée en retour, elle ressent une force intérieure qui contribue à augmenter son estime de soi et sa confiance en elle. Elle sent qu'elle a une valeur aux yeux d'une autre personne, ce qui lui amène joie et vitalité. Un amoureux, une amie ou une autre personne (externe à la famille) qui lui est chère peut lui transmettre cet amour.

En amour avec la vie

Ressentir l'amour des autres suppose d'abord de s'aimer soi-même et d'aimer la vie. Aimer la vie, ce n'est pas d'attendre la sortie trippante du mois entre amis. C'est davantage prendre conscience des beautés et des plaisirs de la vie qui t'entourent au quotidien, si petits soient-ils.

Aimer la vie, c'est remarquer ce qu'il y a de beau, plutôt que ce qui est moins beau. Cela ne veut pas dire de ne pas constater les tragédies qui t'entourent, mais plutôt de t'abreuver de tout ce que tu vois de merveilleux. On demande souvent aux gens : « Si dans un verre, il y a une demi-mesure d'eau, est-il à moitié plein ou à moitié vide ? » Nous te suggérons de commencer à penser qu'il est à <u>moitié plein</u> et de te dire qu'avec seulement la moitié du liquide, tu n'auras jamais soif !

Sérieusement, pourquoi ne pas dire merci aux « ti-oiseaux » qui viennent te saluer avec leurs grands yeux, plutôt que de parler des « cadeaux » qu'ils laissent derrière eux ?

Une belle façon d'apprécier ta vie pourrait être, entre autres, d'être heureuse que le chaton de la voisine vienne se frotter contre toi, même si tu sais qu'il repartira à toute vitesse. Tu te dirais qu'il reviendra bien, plus tard.

Remercie la vie de te donner un toit au-dessus de la tête, plutôt que d'ajouter que tu aurais aimé ne pas le partager avec ton « nono » de p'tit frère. Dans le fond, ton frère, tu l'aimes bien.

Moi, je remercie la vie de m'avoir donné les amis que j'ai, sans penser à ceux que j'aurais pu avoir. Je crois que c'est cela que vous voulez dire, hein ?

L'amour, c'est flotter dans les airs pour se rendre à l'école!

Devenir maître de ton bonheur

Qu'arriverait-il si tu donnais un peu moins de pouvoir sur ta propre vie à ceux qui t'entourent afin de devenir maître de ton bonheur? Nous avons tous besoin des autres, certes, mais seule toi peux vraiment te rendre heureuse.

Si tu ne comptes que sur les autres pour remplir un vide intérieur, le jour où ces personnes cesseront de nourrir ce vide, tu auras l'impression qu'elles viennent de partir avec une partie de toi, ton cœur inclus! Des sentiments de rejet et d'abandon risquent alors d'être au rendez-vous. Tu auras l'impression de survivre, alors que tu rêves de vivre.

Nous enregistrons tous des pensées auxquelles nous croyons vraiment, un peu comme lorsqu'on enregistre une chanson sur notre iPod. Cependant, certaines croyances sont loin d'être utiles. Bon nombre d'adolescents, comme certains adultes, ont enregistré la croyance que leur bonheur dépendait des autres. Si tel est ton cas, c'est peut-être parce que certaines personnes semblent déployer de l'énergie pour te rendre heureuse. Tu te dis sûrement que c'est le rôle de tes parents ou même de ton amoureux de t'apporter du bonheur sur un plateau d'argent.

L'amour vu par des ados

Amour physique, amour propre, amour romantique, amour-passion... Nous pourrions continuer ainsi des pages et des pages, mais qu'est-ce donc que l'amour? Voici ce qu'en disent des filles de ton âge.

L'amour, c'est trouver que les yeux de l'autre sont les plus beaux au monde, car ils te regardent avec intérêt et tendresse. C'est choisir la personne avec qui on veut avancer dans la vie et espérer bien vieillir. L'amour, c'est palpitant, c'est excitant, c'est le désir et la passion qui nous font sentir importants.

Kassandra, 16 ans

Un kick, c'est quand tu regardes un gars que tu trouves vraiment beau, tu ne le connais pas personnellement et tu ne te verrais pas passer toute ta vie avec lui. Quand tu es en amour, il te fait vraiment de l'effet ; tu as l'impression que ton cœur s'arrête de battre lorsque tu le vois ou quand ton regard croise le sien. Tes amies ont l'impression que tu n'as que ça en tête. C'est plutôt vrai !

Ariane, 13 ans

L'amour, c'est se sentir bien et en confiance avec quelqu'un. C'est l'intimité et la découverte. C'est être capable d'être soi-même et de recevoir des preuves d'amour « physiques et émotionnelles ».

Émilie, 14 ans

Ta définition personnelle de l'amour ressemble-t-elle à celles partagées par nos amies ci-dessus ?

Ta définition de l'amour :

_____

_____

_____

Comme tu peux le constater, il y a différentes visions de l'amour. Essentiellement, l'amour est un sentiment d'affection et d'attachement que tu développes envers une autre personne. Il peut prendre la forme de l'amitié, et même du désir. Voici certaines des inclinaisons dont nous parlerons tout au long de ce livre, parce que tu les rencontreras tout au long de ta vie.

Ça peux-tu être simple, l'amour? Des fois, j'en doute...

Est-ce que dans l'amitié, on trouve de l'amour?

L'amour et l'amitié sont semblables, ce sont plutôt nos attentes envers l'autre personne qui changent d'une relation à l'autre. On n'attend pas la même chose de nos amis que de l'élu de notre cœur. L'amour, c'est lorsque tu penses souvent à l'autre, que tu as le goût de te rapprocher de lui physiquement, d'apprendre à le connaître de plus en plus et d'être en sa compagnie.

L'amitié peut prendre de multiples visages et combler de multiples besoins. Es-tu à la recherche de l'Amour avec un grand A? Il y a plusieurs différences entre l'amour et l'amitié: dans les relations amoureuses, il y a plus de passion, de rêves et l'exclusivité (le fait d'avoir un seul partenaire), alors que tu as possiblement plus d'une relation d'amitié.

En amitié, tu te sentiras probablement plus à l'aise et familière que dans une relation amoureuse, qui te sortira peut-être de ta zone de confort, de tes habitudes. Peut-on être heureuse et en équilibre sans avoir d'amoureux? Bien sûr! Être célibataire n'est pas un mal en soi!

> **L'amour, c'est découvrir que dans le cœur de nos amis, il y a autant d'amour que dans celui de notre petit copain.**

La best friend, un sentiment particulier

Quelles sont les raisons pour lesquelles tu apprécies plus ta *best friend* qu'une autre amie? Probablement parce que tu as créé des liens forts et uniques avec elle. En ouvrant ton cœur à cette amie, tu ouvriras la porte à une relation basée sur l'authenticité.

Toi et ta *best*, vous vous êtes probablement vues plus d'une fois en pyjama, maquillées ou pas, dans des situations cocasses comme dans des moments de grande tristesse. Vous vous êtes sûrement confié des secrets et vous avez partagé de nombreuses fois des moments où vous n'étiez que toutes les deux.

C'est ce qu'on appelle des moments d'«intimité». Ces moments se vivent lorsqu'il y a une grande confiance entre les deux personnes et, généralement, plus la relation se construit, plus ceux-ci sont grands. Quand les adultes parlent d'«intimité», nous avons tendance à penser qu'ils parlent de sexualité, mais l'intimité peut prendre de multiples visages. Dans l'intimité, on peut retrouver la sexualité, mais également le partage des secrets, des rêves, des sentiments, des émotions ainsi que les moments vécus avec la personne aimée.

Depuis que Marie et moi nous sommes disputées, elle répète à tout le monde ce que je lui ai confié! Ça se fait pas, il me semble?

Truc : Peu importe sur quelle note s'est terminée une relation, garde les confidences pour toi. Tu seras appréciée pour ta discrétion.

Une relation amicale avec un gars... Possible ?

Puisque dans l'amitié il y a un peu d'amour, est-ce que l'amitié est possible entre un gars et une fille ? C'est très possible et même souhaitable ! Toutefois, il arrive qu'à l'occasion, une des deux personnes devienne amoureuse de l'autre, alors que ce n'est pas réciproque. Si l'amitié prime et dure un certain temps, cela peut devenir ta relation la plus merveilleuse, puisqu'elle te permettra de vivre un équilibre dans le développement de tes relations avec des gars autant qu'avec des filles.

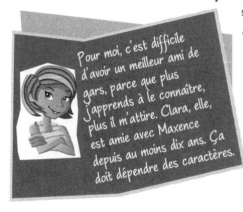

Pour moi, c'est difficile d'avoir un meilleur ami de gars, parce que plus j'apprends à le connaître, plus il m'attire. Clara, elle, est amie avec Maxence depuis au moins dix ans. Ça doit dépendre des caractères.

L'amour, c'est aussi un ami de gars qui te console d'une peine, en t'invitant à assister à un match de hockey, même s'il sait que tu n'aimes pas ce sport.

Se connaître pour vivre l'amour

Pour te connaître, est-ce nécessaire de vivre de multiples relations amoureuses décevantes? Crois-tu vraiment que, parce que tes amies ont des amoureux, tu n'en auras jamais? Et si c'était la vie qui te donnait un peu de temps pour apprendre à te connaître à travers autre chose? Une rencontre avec toi-même s'impose-t-elle?

Mieux te connaître avant d'entrer en relation est une idée agréable, et dans ce livre, nous allons te proposer de multiples défis et exercices pour y arriver. Qui sait? Peut-être que l'amour t'attend au détour du chemin? Commence par connaître la jeune femme que tu es. Tu sauras ensuite mieux déterminer ce que tu cherches vraiment.

L'amour, c'est savoir ce que l'on veut comme vie amoureuse, et non d'avoir peur de celle que l'on ne veut pas.

Es-tu à la recherche d'un modèle?

On dit souvent que l'amour est compliqué. Peut-être que nous compliquons plutôt des choses qui pourraient pourtant être simples! Rencontrer une personne veut certes aussi dire rencontrer ses parents, et cette personne rencontrera probablement aussi les tiens. Il y a également les familles recomposées, les beaux-parents, les amis, et tous ces gens ont une vision personnelle de l'amour. Est-ce que tout ce beau monde sera en harmonie et en accord avec tes choix?

Tu n'as peut-être pas dans ton entourage des gens aux comportements des plus positifs. Ils sont peut-être souvent en conflit ou ne semblent pas des plus amoureux dans leur façon de se comporter l'un envers l'autre.

Nous t'invitons à ne pas les critiquer, mais tu peux te servir de ce que tu juges être «leurs erreurs» pour essayer d'être heureuse en amour, selon tes propres priorités, et non pour reproduire tout ce que tu vois Garde en tête qu'aimer, c'est aussi faire des erreurs à l'occasion.

Secrètement, cible les gestes que tu poserais et les paroles que tu dirais si tu étais dans leur situation. Ensuite, pose-toi la question : saurais-tu les mettre en pratique si l'occasion se présentait ?

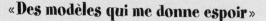

L'amour, c'est accepter d'être un modèle pour les autres, même à travers nos erreurs et nos difficultés.

Témoignage de Juliette

«Des modèles qui me donne espoir»

Ma mère a eu cinq chums depuis ma naissance et pas un n'a su nous aimer, elle et moi ; en tout cas, pas comme nous aurions aimé être aimées. On vit dans un p'tit logement 4 ½, et chaque fois qu'elle se faisait un amoureux, nous devions accueillir ce conjoint comme si c'était un roi.

Depuis que mon père est parti, quand j'avais quatre ans, on dirait que j'ai besoin de beaucoup d'amour pour être heureuse. Ma mère est dépendante à l'alcool, mais surtout à l'amour. Elle a de la difficulté à choisir un homme qui prendrait bien soin de nous.

Un jour, je suis allée faire du bénévolat avec une copine et j'ai rencontré Monique. Elle vit tout près de chez nous. Je me suis liée d'amitié avec elle et j'ai commencé à aller faire des tours chez elle quand ça brassait chez nous. Monique vit avec Robert et ils sont très amoureux. Ils m'ont raconté comment ils se sont rencontrés, comment ils ont surmonté le cancer de Robert, il y a trois ans. J'ai trouvé en eux des modèles qui me donnent espoir en l'amour. Je n'aime pas moins ma mère, au contraire, car depuis que je vais chez mes nouveaux amis, je suis plus équilibrée et je donne beaucoup d'amour et de soutien à ma mère, qui en est à cinq mois de sobriété.

Monique et Robert sont mes modèles et, par le fait même, ils sont devenus ceux de ma mère. Je sais maintenant qu'il y a des modèles tout autour de nous.

Je suis fière d'avoir trouvé Monique et Robert et, surtout, heureuse d'avoir su inspirer ma mère tout en me rapprochant d'elle.

Piste : Quand tu modélises une personne qui t'inspire, peu importe dans quel domaine, sois attentive à ses valeurs, à ses qualités, à son attitude, à ses comportements et aux paroles qu'elle utilise afin de t'en inspirer.

Question réflexion : Quelle personne pourrait te servir de modèle dans sa façon de vivre sa vie amoureuse ?

Les trois composantes de l'amour[1]

L'amour-passion est un sentiment complexe qui lie deux personnes ayant à la base une attirance physique et une tendresse mutuelle. L'amour repose sur l'équilibre entre trois composantes.

---

1. Sterberg, R. J. « A triangular theory of love », *Psychological Review*, 1986, vol. 93, p. 119-135.

- **L'engagement,** c'est le désir et la volonté chez deux personnes que la relation fonctionne à long terme. Chez les adultes: peut-être se marier, élever des enfants et acheter une maison en commun. Chez les ados: être fidèle, présenter son amoureux à ses parents, à ses amis, par exemple.

- **L'intimité,** c'est l'échange entre deux personnes de moments de proximité, de leur vécu et de leurs expériences personnelles, tels que les rêves et les confidences. Un rapprochement physique est possible à travers ces échanges.

- **La passion,** c'est une vive émotion que l'on retrouve entre deux personnes qui sont attirées l'une envers l'autre sur les plans psychologique et physique.

L'amour, c'est quand on ferme les yeux et que, lorsqu'on les rouvre, l'être aimé est toujours là !

L'humain communique par les émotions

Apprendre à se comporter avec attention et respect amène à combler nos besoins émotifs et apporte la sécurité dont nous avons tous besoin pour laisser tomber nos barrières, aimer et nous laisser aimer.

Basés sur des millions de résultats positifs et des billions de résultats négatifs, les humains ont imaginé plusieurs façons de «pratiquer» l'amour. Faire la cour, se parler, se cajoler, bref, entrer en relation intime n'est qu'un exemple de ce que font les humains pour échanger avec leurs pairs.

La technologie a par contre beaucoup changé le visage des rapprochements humains. Parions que nous inventerons encore et encore de bonnes comme de mauvaises façons de communiquer nos émotions. C'est cela, l'évolution. Peut-être un jour enverrons-nous nos câlins seulement par la pensée ? Ouf, nous n'avons pas hâte d'en arriver là !

Témoignage de Jade, 13 ans

Jade : « Quand deux amies aiment le même gars ! »

À mon retour de vacances, je me suis connectée sur Facebook et j'avais un message d'une de mes meilleures amies. Son message ressemblait à ceci : « J'ai quelque chose à te dire que je garde pour moi depuis longtemps, mais je n'en suis plus capable. J'aime ton chum. »

Je trouvais qu'elle le cruisait depuis quelque temps. J'ai été quand même surprise de ce message de la part de mon amie ! Après quelques heures de réflexion, j'ai décidé d'appeler mon chum pour clarifier ça avec lui. Je lui ai dit que mon amie le trouvait de son goût et même qu'elle l'aimait. Il m'a dit : « Inquiète-toi pas ! J'aime juste une fille à la fois et c'est toi que j'aime. Je ne niaise pas avec ça ! »

J'étais contente et soulagée. J'ai appelé mon amie en me disant qu'il ne fallait pas gâcher notre amitié. Elle était contente que je passe par-dessus ce qui s'était passé. Depuis, elle a cessé de cruiser mon chum.

Je sais maintenant qu'on ne choisit pas les personnes que nous aimons et le moment où ça arrive. Je crois que j'ai réagi de façon mature ! Je suis fière de ne pas avoir laissé tomber mon amie pour autant.

Piste : Au lieu de juger ton amie, tente de comprendre quelle est son intention et mentionne-lui tes insatisfactions en restant calme.

 Question réflexion : S'il t'arrivait une situation semblable à celle de Jade, comment réagirais-tu ?

 Truc : Tu es amoureuse du copain ou de l'ex de ta best ? Dis-le-lui avant qu'elle ne l'apprenne de quelqu'un d'autre. Elle saura alors que tu tiens à elle.

Apprendre de ses erreurs

Nous avons souvent des comportements incompréhensibles en amour. Par exemple, c'est étonnant de voir une personne que l'on connaît rompre et reprendre avec une personne dont elle s'est plainte à tout le monde. Voici un des comportements que tu verras peut-être autour de toi ou que tu vivras peut-être personnellement. Eh oui, en amour, nous avons la mémoire courte, nous oublions souvent les raisons qui nous ont poussés à quitter quelqu'un.

Quelle honte ! Il n'a jamais su comment m'embrasser. Sa bave coulait comme une rivière et ma langue se débattait contre la noyade ! Quand on s'est laissés, j'en ai parlé à tout le monde et maintenant, j'ai envie de reprendre avec lui. J'ai l'air d'une vraie tarte !

Puisque nous évoluons tous les jours de notre vie, il arrive que notre amoureux, lui, ne progresse pas dans le même sens que nous. Il s'agit de l'une des principales raisons pour lesquelles des gens se quittent et que plusieurs reviennent ensuite ensemble. En prenant du recul, on se rend souvent compte que nous faisons partie du problème et aussi de la solution. Oui, l'amour va et vient souvent. Certains couples se laissent, reprennent, se laissent, avant de comprendre ce qu'ils ont à faire pour devenir de meilleures personnes.

✳ ✳ ✳

Tout au long du livre, nous te proposerons divers défis afin de t'aider à acquérir de nouvelles habiletés et à te dépasser. Voici le premier défi que nous te lançons.

Tenir un journal « coups de cœur »

Ton premier défi consiste à tenir un journal de gratitudes, c'est-à-dire un journal dans lequel tu noteras tes moments «coups de cœur» de la journée.

Exprimer sa gratitude est une bonne stratégie pour aimer la vie et se sentir plus heureuse, aussi bien t'y mettre dès maintenant!

Les étapes pour relever le défi

1. Procure-toi un journal, un calepin, un cahier, ou tu peux tout simplement t'en fabriquer un avec des feuilles, et commence à porter attention à tout ce qui t'entoure.

2. Aiguise ta curiosité et sois attentive à ce que tu vois, à ce que tu entends, aux aliments que tu goûtes, à ce que tu fais ou ressens et à ce que tu trouves agréable tout au long de ta journée.

3. Avant de te coucher, prends en note dans ton journal des moments que tu as appréciés dans la journée, tes «coups de cœur», quoi! Ton défi est d'en inscrire de deux à cinq par jour. Ce qui est important, c'est de noter uniquement des éléments positifs. Tu peux aussi ajouter des dessins ou coller des images et des photos, si tu le désires.

Exemples de moments de gratitude à inscrire à ton journal **«Coups de cœur»:**

- Le lever du soleil était magnifique.
- Mon père m'a préparé mon lunch ce matin.
- Mon amie m'a prise dans ses bras pour me consoler de ma chicane avec mon chum.
- J'ai marché dans le bois avec mon grand-père.
- Le prof de français a raconté une histoire vraiment drôle, le cours a passé vite.
- Un beau gars m'a souri.

4. Une fois par semaine, relis les moments que tu auras notés pendant la semaine précédente.

Le but du défi?

Cet exercice te permettra de constater des changements dans ta façon de voir les événements de ta journée et les choses qui t'entourent. Tu seras plus attentive aux événements positifs qui se produisent autour de toi et tu sauras les apprécier davantage. Ce type de journal procure un grand réconfort, puisque tu y reliras probablement de petits et grands plaisirs de la vie, des anecdotes, des faits cocasses, des moments dont tu es fière, etc.

Défi relevé ☐ fais un crochet lorsque tu auras relevé le 1er défi

✶ ✶ ✶

Dans ce qui suit, tu trouveras le premier grand exercice à accomplir. Cette méthode te permettra de voir si tu es prête à laisser entrer l'amour et l'amitié dans ta vie, sans t'oublier. Nous tenions à partager avec toi cette méthode exclusive de façon à ce que tu puisses, à tout moment, évaluer la

Ça me fait plaisir de voir que ma vie n'est pas aussi plate que je le croyais!

place qu'occupent les autres et la place que tu occupes «toi-même» dans ta propre vie. Intrigant, hein? Attends de lire ce qui suit!

La **Méthode** ANISSAN©2

Amours et amitiés sans m'oublier

La **Méthode** ANISSAN© t'offre une façon d'analyser tes priorités afin de savoir quelle place elles occupent dans ta vie. Cette méthode est pour toutes celles qui :

- Souhaitent être plus heureuses.
- Se sentent exclues ou oubliées.
- Aimeraient s'aimer davantage et ressentir plus de confiance.
- Se sentent incomprises.
- Ont l'impression que leur amoureux est le centre de leur univers.
- Ont le désir de vivre une vie équilibrée et harmonieuse.
- Aimeraient devenir responsables de leur bonheur.

---

2. La méthode d'éducation personnelle ANISSAN intègre une forme de questionnement dans l'action relationnelle autant que rédactionnelle. Cette méthode est une exclusivité d'Annie Germain et de Sandra Paré.

La Méthode ANISSAN©

Amours et amitiés sans m'oublier

La Méthode ANISSAN© est-elle pour toi?

- As-tu parfois l'impression que personne ne t'aime ou que l'on ne t'aime pas à ta juste valeur?

- Est-ce difficile pour toi de rester fidèle à tes valeurs personnelles?

- Connais-tu TES valeurs personnelles? Es-tu capable de les cibler?

- Tu aimerais avoir une meilleure estime personnelle et une plus grande confiance en toi, mais tu ne sais pas comment t'y prendre?

Qu'est-ce que la Méthode ANISSAN©?

Le nom de la méthode a pris son origine d'une partie de nos prénoms, soit «Ani» pour Annie et «San» pour Sandra. Notre inspiration vient d'un fruit appelé «anis étoilé». Nous avons imaginé que nos vies pouvaient être comme une fleur d'anis étoilé.

Pourquoi l'anis étoilé?

Ça doit être pour moi... Ma mère aimerait bien que je sois plus souvent de bonne humeur!

L'anis étoilé, aussi appelé badiane, est le fruit d'un arbuste qui porte le nom de «badamier de Chine». Lorsque le badamier fleurit à partir du mois d'avril, ses jolies fleurs blanches en forme de soleil donnent des fruits verts, les anis étoilés, qui prendront ensuite leur couleur rousse en séchant. Le fruit se compose de huit carpelles, de petites

27

coques qui contiennent une graine. Ce fruit, même s'il prend des airs d'épice, est bel et bien un fruit. Il est autant utilisé en cuisine qu'en pharmacie. L'anis étoilé est reconnu par plusieurs peuples asiatiques en tant qu'_épice de la bonne humeur_. Cela nous a inspirées à l'utiliser, car nous sommes persuadées qu'il apportera de la bonne humeur dans ta vie et, surtout, plein d'amour.

La Méthode ANISSAN©

Amours et amitiés sans m'oublier

Pourquoi avons-nous choisi ce fruit ?

Nous trouvions que l'évolution de l'anis étoilé ressemblait à ce que nous vivions toutes au fil de nos vies. D'abord, cette plante pousse en plantations denses (notre société). Puis, toute jeune, elle est attachée à une tige (notre hérédité). De plus, sa fleur (notre enfance) comporte plusieurs pétales, et en avançant en maturité, le fruit les perd un à un pour devenir une étoile solide.

À un certain moment, l'anis (la fleur) se détache de la tige pour ne conserver que les coques dures, tout comme tu le feras avec ta vie en faisant tes choix personnels selon ce qui est vraiment important pour toi. C'est ce qu'on appelle tes «valeurs».

Chacune de ses branches est de taille différente et déterminera les sphères de ta vie (par exemple, la sphère de ta famille et celle de tes

> Pas de chum en vue en ce moment! Avec le retour des vacances, je me croise les doigts pour que ce soit enfin mon tour de me «laisser parler d'amour», comme me dirait ma grand-mère!

amis ou de ta vie sociale) en prenant la dimension associée à l'importance que tu accordes à cette sphère. Il sera donc tout à fait normal que certaines branches soient plus grandes, alors que d'autres seront plus petites.

La Méthode ANISSAN©

Amours et amitiés sans m'oublier

Apprendre à dessiner ton premier anis étoilé

Nous te convions à un petit exercice. En prenant 100 comme valeur maximale de chaque carpelle, questionne-toi sur la place qu'occupe chacune de ces sphères dans ta vie. Considère qu'à 0 %, c'est nul, à 10 %, très peu, alors qu'à 80 %, elle occupe une assez grande place.

Exemple 1 :

70/100	1.	Ta famille (naturelle ou recomposée)
40/100	2.	Tes loisirs (sport, télévision, jeux)
20/100	3.	Ta vie amoureuse et sexuelle
80/100	4.	Tes amis, ta vie sociale
70/100	5.	Ton éducation (école, devoirs, etc.)
0/100	6.	Ton travail
50/100	7.	Ton bénévolat
40/100	8.	Les soins de ton corps
0 /100	9.	Ta spiritualité
/100	10.	_____ Autres

Exemple 2 : Voici à quoi pourrait ressembler bientôt ton propre anis étoilé.

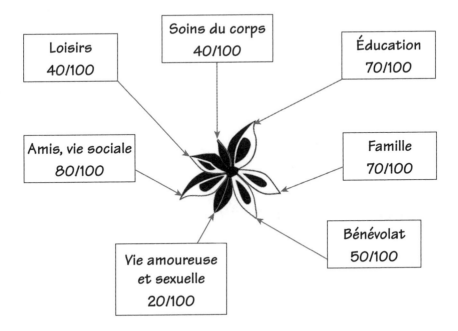

	Soins du corps 40/100	
Loisirs 40/100		Éducation 70/100
Amis, vie sociale 80/100		Famille 70/100
		Bénévolat 50/100
	Vie amoureuse et sexuelle 20/100	

Analyse de l'exemple

Si nous faisons l'analyse de l'anis étoilé montré en exemple, cette jeune fille accorde beaucoup d'importance à ses amis **(80 %)**, à son éducation **(70 %)**, tout comme à sa vie familiale **(70 %)**. Le bénévolat occupe une assez belle place avec **50 %**, puisqu'elle est dans les scouts. Les loisirs, quant à eux, n'occupent que **40 %** de son temps et seulement **40 %** sont attribués aux soins du corps. Elle considère que sa vie amoureuse et sexuelle est presque inexistante, puisqu'elle n'a pas d'amoureux sérieux, mais juste un *kick* avec un petit **20 %**.

La Méthode ANISSAN©

Amours et amitiés sans m'oublier

Description des sphères de ta vie reliées à un carpelle (ou à une branche) de ton anis étoilé

1. **Ta famille (proche et élargie)**

   La famille est la cellule <u>rapprochée</u>, c'est-à-dire ton père, ta mère, tes frères et sœurs. Une famille <u>élargie</u> est ce qu'on appelle ta parenté, tes grands-parents et même peut-être le nouveau conjoint de ta mère ou la conjointe de ton père.

2. **Ta vie amoureuse et sexuelle**

   Dans cette sphère, nous te parlons de l'amour envers une personne pour laquelle tu as aussi de l'attirance physique. La vie sentimentale, amoureuse et sexuelle d'une personne peut comprendre les sentiments que tu éprouves pour quelqu'un (amour, tendresse, fierté, etc.), tes pensées amoureuses (désirs affectifs) ou sexuelles (attirance physique, fantasmes, désir, excitation), ainsi que divers comportements.

3. **Tes amis**

   Ce sont les amis que tu côtoies à l'école, à la maison ou dans ton quartier. Des gens généralement de ton âge, avec qui tu aimes pratiquer des activités ou simplement échanger des points de vue.

4. **Ta vie sociale**

   Ta vie sociale, elle, inclut certains de tes amis, tes parents ou même des membres de ton équipe sportive. Cela peut aussi être des sorties que tu fais au centre commercial, à la patinoire ou à des endroits qui te sortent de ton quotidien.

31

5. **Ton éducation** (école, devoirs, études, formation, cours divers)

   L'éducation est l'ensemble des actions que tu entreprends pour développer tes connaissances, par l'entremise d'apprentissages et de pratiques qui te serviront à augmenter tes aptitudes à mieux vivre en société. C'est également l'importance que tu accordes à tes études.

6. **Ton travail et ton bénévolat** (tâches à la maison et ailleurs)

   Pour le travail, tu reçois normalement un salaire, tandis qu'une tâche est le partage d'une responsabilité dans le but de faciliter ta vie et celle de ton entourage. Passer l'aspirateur, faire le lavage ou sortir le chien, voilà des activités qui font habituellement partie de la section tâches et qui sont rarement rémunérées. Quant au bénévolat, c'est offrir gracieusement ton aide à une personne ou à un organisme (école, festival, etc.), sans obtenir de salaire en retour.

7. **Tes loisirs** (sports, arts, musique, lecture, télé, etc.)

   C'est tout ce qui touche les activités qui te divertissent et te permettent de te sentir bien dans ta peau.

8. **Soins de ton corps** (boire, manger, dormir, se reposer, se laver, se brosser les dents ou les cheveux, effectuer des visites médicales, etc.).

   Ce sont des actions qui te permettent de t'offrir une certaine qualité de vie et de prendre soin de toi.

9. **Ta spiritualité**

   Cette sphère peut se traduire par les croyances et la culture de chacun. Il ne s'agit pas que d'une religion ou d'un comportement social, imposé ou non par la famille. La spiritualité comporte l'endroit où l'on se place dans l'univers, à travers nos démarches personnelles, pour simplement nous sentir en accord avec nous-mêmes. Prière, méditation, pensées positives, la spiritualité se pratique seule ou en groupe.

10. **Autres...**

La Méthode ANISSAN©

Amours et amitiés sans m'oublier

C'est maintenant à ton tour

Choisis chaque sphère (ou sujet) qui compose ta vie et évalue-la sur une échelle de 0 à 100. Tu n'es pas obligée de prendre toutes les catégories. Tu les choisis en fonction de l'importance qu'elles occupent en matière de temps et d'attention de ta part durant un mois.

Note importante : Réponds spontanément et vise chaque sphère sans tenir compte d'un résultat total ou d'un lien avec les autres sujets.

Exemple :

_____ /100   1. Ta famille (naturelle ou recomposée)

_____ /100   2. Tes loisirs (sport, télévision, jeux)

_____ /100   3. Ta vie amoureuse et sexuelle

_____ /100   4. Tes amis, ta vie sociale

_____ /100   5. Ton éducation (école, devoirs, etc.)

_____ /100   6. Ton travail

_____ /100   7. Ton bénévolat

_____ /100   8. Les soins de ton corps

_____ /100   9. Ta spiritualité

_____ /100 10. _____ Autres

Dans l'espace suivant, dessine tes propres carpelles (branches) de ton anis étoilé, semblables à ceux de l'exemple de la page 28, en tenant compte du niveau d'importance que tu leur as donnée ci-dessus.

Cool! Trop hot le dessin!

Y a-t-il des branches qui ne sont pas encore ouvertes (non utilisées) ou très peu ouvertes pour l'instant?

La **Méthode ANISSAN®** est une méthode d'analyse de tes priorités. Chacune des sphères de l'anis représente ce que tu aimes, ce à quoi tu tiens vraiment. Toi seule peux mettre en place ton anis et le modifier en fonction de tes choix au quotidien et des nouvelles avenues qui s'offriront à toi. Il est normal que certaines de tes sphères soient plus petites que d'autres.

Par contre, investir dans plus d'une sphère contribue à développer ton identité, ton estime et ta confiance en toi afin de t'épanouir.

Toutefois, même si viser l'équilibre est sain, ça ne signifie pas nécessairement d'être toujours en équilibre. Si tu vis un déséquilibre temporaire lié à une circonstance, il n'est pas utile de t'en faire. Il y a des périodes dans la vie qui peuvent provoquer certains déséquilibres (deuil, peine d'amour, maladie, projet de courte durée, période d'examens, vacances, nouvelle relation amoureuse, etc.) et certains d'entre eux peuvent même s'avérer positifs.

Un des avantages d'investir de l'énergie et du temps pour développer plusieurs carpelles (sphères) plutôt qu'un seul est de diversifier nos sources de bonheur. Ainsi, si un jour ça va moins bien dans une de tes sphères, tu te sentiras plus stable pour traverser différentes épreuves. Exemple : si tu vis des difficultés scolaires, mais que tu passes de bons moments avec les membres de ta famille, tes amis et que tu as des loisirs que tu aimes, il te sera plus facile de persévérer et de garder le moral pour surmonter les difficultés.

✳ ✳ ✳

L'amour et les autres

Qui a le droit de t'aimer?

Tu es tellement formidable, tout le monde a le droit de t'aimer, mais bien sûr, pas tous pour les mêmes raisons et, surtout, de la même façon! Tu peux avoir des gens qui t'aiment bien, d'autres qui t'aiment beaucoup et, qui sait, peut-être au moins une personne qui t'aime passionnément. Toi, qui aimes-tu? Cette personne t'aime-t-elle en retour?

À l'opposé, si quelqu'un t'aime, est-ce que TOI, tu l'aimes en retour? On dit souvent: «On n'empêche pas un cœur d'aimer.» Cela devient évident quand tu réalises que quelqu'un t'aime alors que toi, tu ne ressens rien.

L'amour doit se mettre en action dans les deux sens. Par contre, s'il est ressenti à sens unique, tu pourrais te blesser, ou blesser quelqu'un d'autre. Il te faut donc t'assurer de ne pas laisser croire à quelqu'un que tu pourrais un jour avoir des sentiments pour lui (amitié ou passion), alors qu'il n'en est rien.

> L'amour, c'est choisir qui on laisse entrer
> dans son cœur, en sachant très bien
> qu'il peut être brisé !

Celui que tu choisis de laisser entrer dans ton intimité

L'intimité est une relation étroite, voire familière. Elle peut être vécue en amitié comme en amour. On partage son cœur, son esprit et, plus tard, dans une relation établie, on partage son corps. Ton intimité est ce qui est de plus précieux à conserver. En effet, le jour où tes secrets sont connus, ils t'appartiennent un peu moins.

Peu importe qu'un gars soit le sosie d'une de tes vedettes préférées, qu'il soit disponible et serviable ou qu'il soit le meilleur joueur de l'équipe de hockey locale, celui que tu laisseras entrer dans ton intimité devra d'abord TE plaire, peu importe qu'il soit populaire aux yeux des autres.

Plusieurs ados s'entendent pour dire que la plus belle période d'une relation amoureuse est celle où ils se courtisent, se regardent à la sauvette et souhaitent secrètement se rapprocher intimement. C'est une période que tous les couples se rappellent.

Être gênée devant l'autre au départ, attendre avec impatience près du téléphone ou de son cellulaire, avoir des papillons dans l'estomac quand on entend sa voix, ce sont tous des moments mémorables. Faire de plus en plus de place dans ta vie à cette personne, c'est très précieux. C'est ce qu'on appelle la laisser entrer dans ton intimité.

Un brin d'humour

— Tu es le soleil de ma vie.
— Tu es le soleil de mes nuits.
— Je viens de trouver la raison à ton insomnie.

Les gars et les filles : souvent différents, mais pas tant que ça !

Entends-tu parfois tes amies dire que « les gars ne connaissent rien à l'amour » ? Même si les filles sont souvent plus proches de leurs émotions et démontrent plus facilement leurs sentiments, les gars savent aussi aimer, mais à leur façon.

Pendant trop longtemps, les barèmes sociaux et religieux de notre société encourageaient les hommes à ne pas montrer leurs sentiments au grand jour. En effet, on a longtemps pensé que les gars n'avaient pas le droit de pleurer ni d'être sensibles. Ça, c'était triste à pleurer !

Si par hasard tu rencontrais un garçon qui montre peu ses sentiments, que penserais-tu ? Croirais-tu que cela fait partie d'un trait de caractère ou qu'il vit beaucoup d'émotions sans savoir comment les partager ? Est-ce que dans sa famille on ne préconise pas les grandes démonstrations de sentiments ? Dans une telle situation, pourquoi ne pas prendre ton temps et le laisser venir à toi ? Le forcer à s'exprimer sonnerait faux !

Truc : Et si c'était toi qui ne voulais pas montrer tes sentiments, comment voudrais-tu que l'autre se comporte ? Se mettre dans la peau de l'autre nous aide à mieux comprendre.

L'amour, c'est accepter d'être différent l'un de l'autre, pour arriver ensemble à un résultat foudroyant !

Les gestes d'amour d'un garçon envers moi

Es-tu difficile à satisfaire ? Tes attentes dépassent-elles ce que ton amoureux pourrait te donner ? À ce sujet, tu dois te rappeler que toute chose vient à qui sait l'attendre. Il arrive que certains garçons aient peine à prendre le téléphone pour te parler. Est-ce de la gêne ? Probablement.

Manque-t-il d'expérience avec les filles ? Souvent, c'est dans la simplicité des gestes qu'on reconnaît l'amour. Par exemple : prendre ta main, te donner un baiser sur la joue, te souffler dans le cou. N'est-ce pas attendrissant de s'apercevoir qu'il a jeté un coup d'œil sur toi en classe ou dans le corridor ? Ce sont toutes

Moi, si ça ne me tente pas, je ne le ferai pas. C'est comme ça !

des manifestations empreintes d'amour qui ne se mesurent pas, elles se ressentent.

Vive nos différences !

Nos différences, qu'elles soient de nature sexuelle ou culturelle, nous incitent à découvrir l'autre et à accepter de grandir soi-même. Prends donc ton temps pour découvrir la personne avant de lui laisser l'accès à ton intimité, qu'elle soit émotionnelle ou physique, car il y a peut-être des différences avec lesquelles tu te sens plus à l'aise que d'autres.

Vivre des moments d'intimité ne veut pas dire avoir l'impression que vos corps, vos têtes et vos cœurs ont été assemblés avec de la colle à toute épreuve! C'est un équilibre entre la fusion et l'indépendance. À ce titre, plusieurs gars s'entendent pour dire qu'une fille qui charme et se dévoile graduellement est plus excitante qu'une fille qui se dévoile trop rapidement.

 Trucs pour séduire l'être aimé : Nomme régulièrement ce qui te plaît de lui en lui faisant des compliments.

Des stéréotypes qui font mal

Plusieurs personnes, que ce soient des gars ou des filles, ont les émotions à fleur de peau. Cela ne s'applique pas seulement aux filles. Il existe beaucoup de gars qui aimeraient montrer leur romantisme et leur côté émotionnel, si les autres leur en laissaient la chance. Il arrive qu'on associe la sensibilité d'une personne à une orientation sexuelle. Cela est maladroit et inutile, puisque tout le monde a un côté sensible.

Demandons à des artistes masculins connus ce qu'ils pensent de la sensibilité au masculin.

Photo: Valérie Laliberté

Tristan Demers (bédéiste)

Être sensible aux gens qui m'entourent et à ce qui se passe autour de moi, c'est le moteur de la création. Puisque j'observe et que je transforme mon quotidien, l'imagination est mon outil de travail et la sensibilité est un des plus beaux outils de ma vie. Elle me permet de faire des rencontres formidables, de recevoir les autres tels qu'ils sont et de ne pas me censurer dans ce que je suis. La sensibilité me permet d'être touché par la vie. C'est une des clés du bonheur.

Tristan

Gardy Fury (chanteur et danseur)

On associe trop souvent les émotions au sexe féminin. Pourtant, les hommes en ont tout autant et ont besoin de les exprimer. Qu'est-ce qu'un vrai homme? Peut-être que même la question me paraît insignifiante. Une chose est sûre, c'est que la nature humaine, que l'on soit homme ou femme, a besoin de s'exprimer... La nature humaine est faite comme une éponge qui absorbe et qui, tôt ou tard, devra rejeter ou exprimer ce qu'elle a absorbé en premier lieu. Il est impossible ou très malsain de tout retenir à l'intérieur. C'est l'une des plus grandes absurdités que de croire qu'un vrai homme ne parle pas de ses émotions pour ne pas paraître faible. Que l'on soit homme ou femme, il s'agit d'une force et non d'une faiblesse que de ressentir ses émotions et de savoir les exprimer. C'est ce que moi j'appelle avoir une identité!

Gardy xx

Conclusion

Qu'il soit un ami ou un amoureux, rappelle-toi que le gars qui aimerait partager avec toi des sentiments profonds ne le fera que s'il se sent en sécurité émotionnelle en ta compagnie. C'est à toi de lui prouver que tu es une personne fiable et honnête. S'il sait que tu iras tout raconter à tes amies ou partager vos confidences sur les médias sociaux, il ne s'ouvrira pas ou peut-être plus jamais à toi. Connais-tu un garçon qui est près de ses émotions, quelqu'un qui te semble sensible à ce qui l'entoure ? Apprécies-tu cette particularité chez lui ?

Au fond de toi, qui es-tu ?

L'estime de soi touche directement l'idée que tu te fais de toi. Si tu connais ta valeur et que tu n'acceptes pas de dire ou de faire n'importe quoi juste pour avoir l'approbation de quelqu'un, tu es déjà sur le bon chemin. Toutefois, pour bâtir une bonne estime personnelle, nous devons, au départ, la mesurer à travers le regard des autres.

Certes, les événements de la vie peuvent « brasser » notre estime personnelle (réussites, défaites) ; tout cela pour nous permettre de nous améliorer en tant qu'être humain. Aller chercher l'approbation d'une personne est, en fait, un peu comme aller chercher une forme de reconnaissance de sa part, ce qui n'est pas toujours la meilleure des idées.

Tu dois toi-même reconnaître que ta valeur est inestimable et inconditionnelle si tu veux que les autres le croient aussi ! Le manque d'estime de soi n'est pas simple à gérer. Il vient du plus profond de nous, de nos craintes, de nos peurs. Le manque d'estime nous empêche d'aimer les autres comme nous-mêmes.

 Question réflexion De façon générale, es-tu fière de toi ? Est-ce que tu te trouves compétente ? T'aimes-tu telle que tu es ?

Citation : « Notre estime personnelle naît et meurt souvent dans le regard des autres. »

Parle-toi... afin de « travailler » ton estime personnelle

Pour avoir de l'estime personnelle, tu dois te parler à l'occasion, te raisonner et même t'encourager personnellement. Les autres auront beau t'estimer pour toutes tes belles qualités, tu seras ta seule ennemie si tu choisis de ne pas laisser entrer dans ton cerveau et dans ton cœur les belles pensées qu'ils ont partagées avec toi.

Voici un petit exercice qui pourrait t'aider à « mesurer » ton estime personnelle, mais attention ! Tu te retrouveras peut-être devant des faits auxquels tu ne t'attendais pas. Respire par le nez... Tu as toute la vie devant toi pour développer ta personnalité et ton réseau de contacts.

Bon, retournons à notre défi ! Réponds à ces questions à voix haute de façon à ancrer les réponses à l'intérieur de toi. Ta voix et la façon dont tu affirmeras tes réponses feront une grande différence. Nous te suggérons donc de choisir un endroit tranquille pour être certaine qu'on ne te prenne pas pour une folle. (rires)

- Nomme au moins trois compliments que tu as reçus dernièrement.

- Nomme trois de tes amis. (Tu as plus d'amis que ça ? Nomme-les !)

- Nomme trois de tes forces ou ce que tu considères... tes talents.

- Nomme cinq situations dans lesquelles tu t'es sentie utile pour quelqu'un.

- Nomme cinq situations où tu croyais ne pas t'en sortir, mais où tu as réussi contre toute attente.

Défi relevé ☐ Fais un crochet lorsque tu auras relevé le deuxième défi.

✶ ✶ ✶

Quels sont mes besoins émotionnels ?

De quoi as-tu vraiment besoin ?

Bien avant de trouver quelqu'un pour t'aider à combler tes besoins, il te faudrait d'abord les connaître et les établir.

La pyramide des besoins de Maslow[3]

Selon ce psychologue américain, et selon notre expérience personnelle, les êtres humains chercheraient à satisfaire cinq principaux niveaux de besoins. Nous pouvons les retrouver sous la forme d'une pyramide.

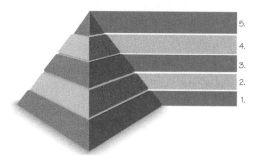

---

3. Inspiré de la célèbre pyramide d'Abraham Maslow, psychologue américain.

1. **Les besoins physiologiques**

   Ce sont les besoins qui nous permettent de survivre, donc des besoins essentiels tels que manger, boire, dormir, respirer et se reproduire.

    Truc : Dors un minimum de huit heures par nuit. Cela contribuera à te donner plus d'énergie !

2. **Les besoins de sécurité**

   C'est l'organisation de son mode de vie de façon à assurer sa survie. Se loger, se nourrir, s'habiller, s'occuper de son hygiène, se protéger contre les intempéries ne sont que quelques exemples.

    Truc : N'hésite pas à consulter un professionnel de ton école ou tes parents lorsque tu ne te sens pas bien ou pas en sécurité. En parler est souvent le premier pas dans la bonne direction !

3. **Les besoins d'appartenance**

   Il s'agit d'aimer et de se sentir aimé par son entourage (famille, amis, collègues de classe, amoureux, etc.), de faire partie d'un groupe, d'une communauté (par exemple : une équipe de soccer, une chorale, un groupe sur Facebook).

    Truc : Exprime ton amour aux gens qui t'entourent et dis-leur que tu les apprécies. Partage et sois attentive aux autres. Plus tu le feras, plus les autres te le rendront.

4. **Les besoins d'estime de soi**

   Nous avons tous besoin de nous sentir vus, appréciés et respectés par les autres. Cette reconnaissance favorise l'estime de soi et le bien-être.

Truc : Donne le meilleur de toi-même. En plus de probablement recevoir de la reconnaissance de la part des autres, tu en ressentiras d'abord envers toi-même.

5. **Les besoins de réalisation**

Ce sont par exemple les besoins qui visent à s'accomplir en mettant en valeur son potentiel, c'est-à-dire utiliser sa créativité pour se dépasser et développer ses talents.

Truc : Fais des activités que tu aimes et qui contribuent à donner un sens à ta vie.

T'arrive-t-il de prendre tes désirs pour des besoins ?

Par exemple, lorsque tu dis à tes parents : « J'ai besoin d'un cell. » Est-ce un désir ou un besoin ?

Pourquoi veux-tu un cellulaire ?

- Est-ce un besoin vital (premier niveau de la pyramide) ? Vraiment pas !
- Est-ce un besoin de sécurité (deuxième niveau de la pyramide) ? Peut-être...
- Est-ce un besoin d'appartenance (troisième niveau de la pyramide) ? Pas besoin de ça pour exister !
- Te donnera-t-il une plus grande valeur (quatrième niveau de la pyramide) ? Pas du tout !
- Te permet-il de réaliser ton plein potentiel (cinquième niveau de la pyramide) ? Loin de là !

À moins que tu ne sois un robot, tu vaux plus qu'un appareil électronique ! Ici, un seul besoin a été exprimé comme pouvant être positif. Est-ce suffisant? Il peut être remplaçable par d'autres façons de faire, alors probablement non essentiel. Mettre en application la forme de questionnement ci-dessus te permet de faire la différence entre tes besoins et tes désirs. Tu peux faire de même pour toutes questions relatives à l'amour.

Suis-je prête à prendre mon envol?

On dit que pour réussir à quitter le nid familial, le jeune doit couper les «cordons» qui le retiennent à ses géniteurs ou à ceux qui prennent soin de lui (parents, éducateurs ou autres personnes d'influence). Peut-être que pour toi, ces gens deviendront momentanément des entraves à ta liberté. Ils seront comme une prison dans laquelle tu étouffes. Voilà pourquoi il sera possible de faire des crises et de t'affirmer avec un peu plus d'agressivité. C'est ce que plusieurs personnes nomment la «crise d'adolescence».

Par contre, rappelle-toi qu'il est possible de t'affirmer et de prendre ta place tout en étant respectueuse. Certes, tu peux couper quelques cordons, mais tu n'es probablement pas prête à prendre toutes les responsabilités liées à ta vie. Ton cerveau n'est certainement pas encore arrivé à maturité. Imagine que c'est comme si tu avais fait cuire des *cupcakes* et que tu n'avais pas terminé la décoration sur le dessus. Ils seront meilleurs lorsqu'ils seront bel et bien prêts.

T'as du front!

Le cortex préfrontal, zone qui donne à l'humain son front bombé qui le distingue des grands singes, est responsable du contrôle de nos pulsions et de notre capacité à nous projeter

Je rêve d'avoir mon appart et de manger d'la crème glacée directement dans le pot, sans prendre un bol! J'ai besoin d'air!

dans l'avenir. Par exemple, s'imaginer en relation amoureuse à long terme avec quelqu'un ou s'imaginer être déjà capable de conduire une voiture seule.

La gaine des neurones, qui assure une conduction fiable des influx nerveux, n'arriverait pas à maturité avant l'âge de 20 ou 25 ans[4]. Par contre, dès la puberté, les ovaires et les testicules commencent à fonctionner à plein régime. Voilà pourquoi plusieurs jeunes sont plus attentifs à leur sexualité qu'à leurs sentiments amoureux et qu'ils prennent des risques sans réfléchir. Pour plusieurs, ce sont les changements hormonaux qui font que leur caractère est souvent explosif ou qu'ils deviennent momentanément très émotifs.

> L'expression « se servir de sa matière grise pour réfléchir » doit venir de là !

Le chef surveille « ta cuisson »

Tels des chefs, tes parents te regardent et passent encore derrière toi pour s'assurer que tout est bien fait ? Te posent-ils des questions sur tes amis ou sur l'école ? Cela te dérange souvent ? Plusieurs jeunes aimeraient avoir un peu moins de supervision, tandis que d'autres aimeraient en avoir plus. Les adultes qui t'entourent aimeraient-ils que tu réussisses du premier coup tout ce que tu entreprends ou que tu respectes tous tes engagements ? Est-ce leur recette ou la tienne qui ne fonctionne pas ?

> Ça fait une couple de fois que les cupcakes brûlent entre mes parents et moi !

Pour devenir un adulte, tu as besoin de traverser cette étape où

---

4. SERVAN-SCHRELBER, David. Ados: un cerveau… immature !, 2004, [En ligne]. [http://www.psychologies.com/Famille/Ados/Le-monde-des-ados/Articles-et-Dossiers/Ados-un-cerveau-immature-!/3] (page consultée le 5 novembre 2013)

tu fais des essais et des apprentissages, et probablement que les gens qui t'entourent eux aussi feront des erreurs. Il se peut qu'ils aient beaucoup de difficulté à couper les cordons de leur côté. Il te faudra de la patience, et cette patience sera la preuve de ta maturité.

Sécurité et adolescents, ça ne va pas toujours ensemble

Comme tu as pu le constater plus haut avec la pyramide de Maslow, un des besoins fondamentaux de l'humain est le besoin de sécurité. Depuis ta tendre enfance, tu as été protégée par ta famille. Jusqu'à aujourd'hui, on t'a nourrie, on t'a prévenue des dangers qui pouvaient se présenter à toi, mais à cette étape de ta vie, tu as envie qu'on te fasse un peu plus confiance.

Es-tu du genre à ce qu'on te fasse confiance et que tu mettes cette confiance à rude épreuve? Serait-ce une façon pour toi de découvrir de nouvelles sensations? Tu deviens de plus en plus curieuse, mais seras-tu capable d'assumer tes décisions et les risques associés à celles-ci? Peut-être seras-tu la première à retourner pleurer dans les bras de tes parents.

Mes amis sont plus importants que mes parents

Tes amis, ceux avec qui tu éclates de rire, avec qui tu partages des confidences sont de plus en plus importants pour toi? Rappelle-toi ton propre anis étoilé. Peut-être as-tu constaté que le pourcentage de cette branche est très élevé.

Dans ton for intérieur, tes amis prennent de plus en plus de place dans ta vie par rapport à ta famille et c'est très bien ainsi. Prendre quelque peu tes distances avec tes parents te permet de ne pas compter seulement sur leur soutien et de développer ta propre autonomie. Tes parents comprennent parfaitement ta situation et ils ont probablement hâte que tu sois autonome.

Par contre, ils vont te retenir s'ils sentent du danger. Comme la maman oiseau ne poussera pas ses oiseaux hors du nid si elle ne sent pas qu'ils sont capables de voler et de se nourrir eux-mêmes. Tes parents seront là, entre autres, pour t'écouter, te guider et te consoler. Quelle belle marque d'amour ! Ne t'en fais pas, c'est peut-être tes parents eux-mêmes qui te pousseront hors du nid un jour... À suivre !

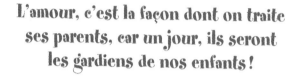

L'amour, c'est la façon dont on traite ses parents, car un jour, ils seront les gardiens de nos enfants !

J'ai besoin de mes « chums » de filles

As-tu parfois l'impression d'un vide à l'intérieur de toi ? Que ça prendrait beaucoup de personnes pour le combler ? Des parents plus ou moins présents, l'impression de ne pas être vue, entendue ou comprise par les autres, tout ça fait peut-être que tu te questionnes sur ta place dans le monde, qui évolue à une vitesse folle.

Parler, échanger, rire et s'amuser sont des actions que l'on peut mettre en application lorsque nous sommes entre amies. La plupart des jeunes ont besoin de sentir qu'ils sont acceptés par un groupe. Ils ne trouvent malheureusement pas toujours le meilleur du premier coup. Il faut, à l'occasion, magasiner pour trouver des amis qui nous font grandir dans l'harmonie !

Rassure-toi, il se peut que tu doives changer d'amis plusieurs fois durant ton secondaire. Le rejet que tu vis et que tu fais vivre aux autres fait aussi partie de ton évolution sociale et de la leur. Il est tout à fait normal de choisir de nouveaux amis, afin de trouver ceux qui nous ressemblent et qui tiennent compte de nos intérêts du moment et de nos valeurs personnelles, qui changent.

Par contre, cela peut s'effectuer en douceur et non pas de façon malhonnête. Rejeter quelqu'un en l'intimidant et le mettre à l'écart de façon publique et volontaire n'est pas une bonne idée. Imagine que tu voudrais revenir vers cet ami plus tard.

Je ne gâche pas mon existence pour des personnes qui ne remarquent pas ma présence. Tant pis pour elles, elles manquent quelque chose.

Le « social » n'est pas mon fort !

Si tu vois que tu as du mal à t'entendre avec les autres, ne force rien. En revanche, tu peux aussi dès maintenant te mettre en action. Par exemple, en parler avec un intervenant scolaire qui essaiera de t'aider à trouver les jeunes qui te ressemblent, mais que tu n'as peut-être pas remarqués autour de toi. Une école, c'est plus grand que ça en a l'air...

Plusieurs jeunes préfèrent le calme et rester solitaires, plutôt que de partager les hauts et les bas de la vie adolescente dans un groupe d'amis. Peut-être as-tu déjà eu la chance de lire le chef-d'œuvre d'Antoine de Saint-Exupéry intitulé *Le Petit Prince*[5] ? À travers sa poésie, l'auteur nous décrit la rencontre entre le Petit Prince et le renard.

C'est ce dernier (le renard) qui a appris au Petit Prince la signification du mot «apprivoisé». Il lui explique ce que c'est que de créer des liens et que pour y arriver, cela prend du temps. Comme il le dit si bien: «Pour apprivoiser une personne et s'en faire un ami, ça demande patience et responsabilité.» En te laissant «apprivoiser»

---

5. De Saint-Exupéry, Antoine. *Le Petit Prince*, 1943, p. 83.

et découvrir telle que tu es, cela inspirera une certaine ouverture chez l'autre. Ne penses-tu pas que c'est la même chose pour une relation amoureuse ?

M'accepter comme je suis

Certaines adolescentes nous ont révélé que leurs amies les critiquaient sur leur apparence physique, puis qu'elles s'excusaient ensuite à la blague. Si c'est aussi ton cas, nous t'invitons à t'interroger sur l'intention positive de tes amies qui agissent ainsi. Peut-être veulent-elles faire rire les autres, attirer l'attention, avoir une meilleure estime d'elles-mêmes en soulignant tes défauts plutôt que les leurs, etc.

À la base, elles ne veulent probablement pas te faire de la peine. Toutefois, il est préférable que tu t'affirmes en disant clairement et calmement ce qui te déplaît, pour que ça cesse. Si elles continuent de t'agacer et que ça te rend mal à l'aise, peut-être serait-il judicieux de te demander ce que la relation avec ces amies t'apporte de positif.

L'amour, c'est te regarder dans le miroir et constater que tu es comme un beau gâteau d'anniversaire, différent des autres, et si appétissant.

Ma meilleure amie me délaisse pour son nouvel amoureux

Au lieu de t'apitoyer sur ton sort parce que ton amie passe beaucoup de temps avec son chum et plutôt que de la critiquer chaque fois, profite du peu de moments que tu as avec elle. De plus, pourquoi n'en profites-tu pas pour t'occuper des autres carpelles de ton anis, comme passer du temps avec ta mère, t'inscrire à un nouveau loisir ou t'investir davantage dans une matière scolaire dans laquelle tu aimerais mieux réussir?

Tu en as déjà profité pour appliquer la **Méthode ANISSAN©** et ton amie te manque encore? Et si tu lui disais, sans te fâcher, que tu es contente de son bonheur, mais que tu souhaites passer plus de temps avec elle?

 Truc : Entoure-toi d'amis accueillants qui t'aident à te sentir bien et n'insiste pas auprès des personnes peu réceptives.

Défi 3

Ton tatouage intérieur, ton slogan : un engagement envers toi-même !

Plusieurs adolescentes songent à se faire tatouer pour toutes sortes de raisons telles qu'exprimer leur indépendance, leur indivi- dualité, leur personnalité ou une de leurs valeurs sous forme d'art. Par exemple, certaines filles se font tatouer un papillon, qui pourrait représenter la liberté et la légèreté. Ainsi, le tatouage devient une façon indélébile et permanente d'exprimer ce qui compte vraiment pour elles. Contrairement à un nouveau vêtement, à un vernis à ongles ou à une coupe de cheveux, le tatouage sera présent pour le reste de leurs jours.

Nous te suggérons d'avoir un tatouage intérieur plutôt qu'un tatouage corporel. Nous te lançons donc le défi de sélectionner ce à quoi ressemblera ton tatouage intérieur. Le fait d'avoir un tatouage intérieur te permettra d'affirmer ton identité d'une façon différente et exclusive, en le mettant à jour dès que tu en sentiras le besoin.

1. **Choix des mots** – Pense aux trois mots qui correspondent à ce qui est hyper important pour toi et non négociable dans ta vie. Ces trois mots constituent une partie importante de ton essence, puisque ce sont tes **VALEURS PRIMORDIALES**, tes **VP**.

   Tu peux faire un acronyme avec tes VP.

   Par exemple: LCA = Liberté – Confiance – Amour

   Exemple B: RPA = Respect – Plaisir – Affirmation de soi

   Note: Il est très important que tu choisisses tes propres **VP**, puisque ce sont des réponses de nature personnelle.

2. **Questionnement** – Si tu es dans une relation amoureuse ou d'amitié en ce moment, demande-toi si tes actions concordent avec tes **VP**. Es-tu fidèle à toi-même? En ce sens, plusieurs adolescentes ne sont pas en harmonie avec leurs valeurs primordiales et profondes, ce qui a un effet important sur leur estime d'elles-mêmes.

   Un peu d'aide?

   Tu ne sais pas quelles sont tes **VP**? Nous t'invitons à penser aux comportements que tu n'acceptes pas de la part du chum d'une amie. Ce sont probablement tes **VP** qui te font penser ou réagir ainsi.

   Par exemple, il lui ment et n'agit pas avec elle de la même façon que lorsqu'il est avec ses amis. Si cela te fait réagir, il est fort possible que deux de tes **VP** soient la franchise et l'authenticité.

3. **Dessin** – Tu préfères faire preuve de créativité et produire un dessin qui représentera tes trois mots? Vas-y, laisse aller ton

imagination et affiche ensuite le dessin de ce tatouage intérieur à plusieurs endroits de ton choix.

Dessin:

4. **Partage ton tatouage intérieur sur un carton** – Prends en note tes trois mots et inscris-les sur un carton que tu pourras afficher à l'endroit de ton choix. Prends quelques secondes pour les relire matin et soir, afin de t'en souvenir et d'en faire comme une empreinte à l'intérieur de toi, ton tatouage intérieur.

5. **Partage avec une amie** – Nous t'invitons à partager ton tatouage avec une amie, un membre de ta famille ou encore une personne en qui tu as confiance. En partageant ton engagement, il te sera plus facile de le respecter. De plus, cette personne pourra te rappeler gentiment tes trois mots lorsqu'elle constatera que tu t'en éloignes.

6. **Chanson et musique** – Tu es plus du type musical? Choisis une chanson ou une mélodie qui te rappelle l'importance de chacune de ces valeurs et ajoute-la à ton iPod. Écoute-la régulièrement pour te reconnecter à ce qui est important pour toi.

Défi relevé ☐ Fais un crochet lorsque tu auras relevé le troisième défi.

Citation : Engage-toi à respecter tes Valeurs Primordiales et tu te sentiras plus satisfaite de ta vie. Tu feras en sorte de créer la vie dont tu rêves.

 Truc : Nous t'invitons à refaire le défi 3 de temps à autre afin d'ajuster ou de confirmer tes choix. Tous les êtres humains évoluent, il est donc normal qu'il en soit de même pour ce qui te tient à cœur, d'où l'avantage de choisir le tatouage intérieur !

Quels sont mes besoins physiques?

Pourquoi ai-je tant besoin d'être touchée physiquement?

Bien avant que tu n'apprennes à marcher, on t'a touchée. Bébé, on t'a cajolée, bercée et embrassée (nous l'espérons du moins). Tu as senti l'amour à travers les regards et les gestes que les autres posaient sur toi. Voilà pourquoi il est essentiel pour toi d'aimer et de cajoler en retour. Puisqu'en ce moment de ta vie qu'est l'adolescence, tes parents et toi prenez peut-être un peu de distance, tu chercheras tout naturellement à combler ce besoin avec d'autres personnes.

Moi, j'suis « toucheuse » et colleuse avec mes amies, c'est une façon de leur montrer que je tiens à elles.

Ressens-tu de plus en plus le besoin d'explorer et d'expérimenter des contacts amoureux et sexuels pour vivre des rapprochements? C'est tout à fait normal, puisque tu es dans une période dite « d'éveil à la sexualité ».

61

Prends note que les gars et les filles de ton âge n'ont pas tous ce même besoin de toucher et d'être touché, et que chacun a son propre rythme. Il est donc nécessaire de regarder les réactions des autres lorsque tu le fais.

Témoignage

Pendues au cou du même gars

Un jour, je suis allée dans une classe pour y présenter une conférence, et l'enseignant m'a demandé : « J'aimerais que vous parliez de l'espace vital d'une personne. Nous avons un très bel étudiant qui apprécie les filles, mais qui ne peut faire un pouce sans en avoir une accrochée autour du cou, et cela le dérange énormément ! »

Lorsque ce jeune homme est entré, j'ai vu trois filles se lever de leur pupitre et courir dans sa direction pour se laisser littéralement tomber dessus. Il est vrai qu'il n'avait pas l'air à l'aise avec cette situation. Les autres gars le regardaient avec envie et les autres filles ressemblaient à des louves prêtes à bondir en deuxième ligne. J'ai suggéré aux filles un peu de retenue et, à la blague, au garçon, de peut-être en choisir une comme petite amie. Histoire de calmer les autres filles !

Sandra Paré

Comment faire pour qu'un garçon me touche tendrement ?

Alors que tu rêves de caresses tendres et de chaleur corporelle, ton copain, lui, rêve probablement d'entrer « en action ». Il faut donc donner l'exemple en le caressant, en l'embrassant tendrement pour qu'il ajuste ses gestes à tes besoins.

S'il n'ose pas te toucher, peut-être se croit-il malhabile ou a-t-il peur de l'être ? Peut-être ne veut-il pas te choquer en voulant aller trop vite ? Attends que ta relation soit plus sérieuse et tu pourras en discuter avec lui. S'il va trop vite ou te caresse trop fort, il serait préférable de lui demander de ralentir, sans toutefois le réprimander ou lui faire la morale. Dans ce cas-ci, nous te suggérons d'utiliser l'humour et de choisir le bon moment pour lui parler.

Moi, je lui dis : « Hé, coco, vas-y mollo, j'aime ça quand c'est slow. »

**L'amour, c'est quand une main nous caresse
si tendrement que les poils de nos bras
se mettent à danser.**

Quand un garçon s'invite...
trop vite et trop loin

Selon plusieurs filles, certains garçons ne réfléchissent pas avant d'agir avec leur petite amie. Parions qu'ils font leur possible, n'est-ce pas ? Il revient donc assez souvent à la fille de présenter à son copain des options « respectables » et de lui montrer l'endroit où elle aimerait être touchée et la façon de le faire. Certains gestes anodins procurent des sensations merveilleuses et vous permettent d'apprendre à connaître vos points sensibles et vos petits endroits secrets.

Tu peux apprendre à un garçon à te caresser l'intérieur de l'avant-bras pour te procurer des frissons, à te gratter entre les omoplates avec le bout de ses doigts ou à te chatouiller à un endroit qui te fait réagir. Si tu ris et que tu sembles heureuse, il sera fier de son geste et le répétera. Personne ne peut «exiger» de caresses, mais la boîte à suggestions est ouverte. Respecte-toi d'abord et il le fera ensuite.

Mon corps, ma forteresse

De tous les temps, les chevaliers ont cherché à faire tomber les ponts-levis des châteaux pour rejoindre les princesses et entrer dans la forteresse où elles se cachaient. Imaginons que ton corps est comme une forteresse. Le chevalier a-t-il tendance à vouloir aller trop vite? En prenant votre temps, l'excitation mutuelle n'en sera que plus grande.

Serais-tu du genre à jouer les aguichantes en te collant pour ensuite le repousser durement en lui criant des bêtises? Ton chevalier partira peut-être découvrir un autre royaume où les messages de la châtelaine seront plus clairs à saisir que les tiens.

 Truc : Assure-toi que tes messages non verbaux correspondent à tes pensées.

Ne m'excite pas si tu n'as pas envie de moi!

Comment reconnaître l'amour ?

Comment savoir si c'est le vrai amour ?

Si tu avais à choisir un couple que tu admires, lequel désignerais-tu et pourquoi ? Selon toi, que mettent en place l'un et l'autre pour être bien ensemble ? Qu'observes-tu d'eux ? Comment se parlent-ils ? Comment se regardent-ils ? Quelles activités font-ils ensemble ?

Tu cherches probablement à reproduire ce que tu vois chez les autres : les grandes relations amoureuses et passionnées qu'on voit dans les films et les vidéoclips, ou même la relation amoureuse de tes parents.

Chaque couple a des façons différentes de démontrer qu'il s'aime. Tu trouveras la tienne quand tu seras avec la bonne personne et en temps et lieu, comme on dit. N'oublie pas que ce qui semble merveilleux à ciel ouvert ne l'est peut-être pas toujours dans la vie privée.

Tu n'es peut-être pas encore capable de déterminer le « type » de relation que tu vis, mais est-ce vraiment si important pour toi de savoir si c'est un « kick » ou si c'est le « grand amour » ? Est-ce nécessaire de mettre une étiquette sur ce que tu vis avec l'autre ?

Qu'en penses-tu? Peut-être qu'une amitié sécurisante avec un gars pourrait te plaire encore plus qu'un grand amour?

L'amour, c'est quand ton cœur bat si fort dans ta poitrine qu'il se met à battre dans ta tête!

Je l'aime à la folie

Un peu, beaucoup, passionnément... Pas besoin d'effeuiller une marguerite pour le savoir! Quand tu reçois un texto et que tu constates que c'est lui, ton cœur fait-il trois tours? C'est ça, l'amour du début, la naissance d'une passion, le moment où tout semble tourner autour de ce nouvel amour. On appelle cela affectueusement le «coup de foudre».

En début de relation, on idéalise l'amoureux. Le fait de dire à tout le monde qu'on a un chum est souvent plus important à l'adolescence que les liens développés avec lui. Peut-être trouves-tu ça cool d'avoir un chum parce que cela te procure un statut qui te donne confiance en toi?

À l'adolescence, plusieurs relations amoureuses sont de courte durée. Elles permettent entre autres d'apprendre à se connaître soi-même. En amour, l'objectif n'est pas de créer une unité avec l'autre pour ne faire qu'un, mais bien de faire équipe. Il y a toi, il y a lui et il y a vous[6]. Ton anis te rappelle que tu as

Quand mon chum est là, je suis bien, mais quand il n'est pas là, je respire encore.

---

6. DALLAIRE, Yvon. *Qui sont ces couples heureux?*, Québec, Les Éditions Option Santé, 2006, p. 33.

besoin d'amour, mais aussi d'une foule d'autres choses pour être heureuse.

 Truc : Ne laisse pas complètement tomber tes amis pour une relation amoureuse.

Histoire de Judith

Judith : «Et si on apprenait à se respecter d'abord, pour ensuite se faire respecter?»

C'est le début de l'année scolaire et Judith, 13 ans, s'est liée d'amitié depuis peu avec Joël, qui a le même âge. Ils discutent longuement ensemble tous les matins dans l'autobus en se rendant à l'école. Un soir, Joël se décide et demande à Judith, par l'intermédiaire de Facebook, de sortir avec elle. Lorsqu'elle fait la lecture du message, elle se sent ravie, flattée et fébrile.

Elle s'empresse d'accepter et change son statut sur Facebook de

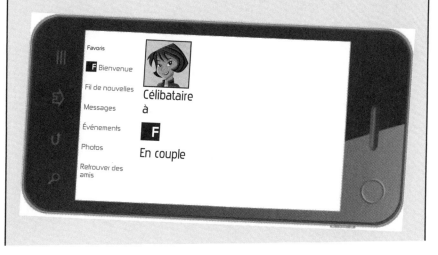

Après tout, c'est excitant d'avoir un chum et d'être en amour. De plus, elle a réellement du plaisir avec lui, puisqu'il la fait beaucoup rire. Le lendemain matin, elle prend l'autobus et se sent un peu mal à l'aise avec Joël. Elle a l'impression que c'est la même chose pour lui.

De retour à la maison en fin de journée, elle annonce la nouvelle de son nouveau couple avec peu d'enthousiasme à sa mère, un peu comme lorsqu'on propose ce qu'on aimerait manger pour souper. Et juste après le repas, Judith commence à se sentir mal, sans trop savoir pourquoi. Elle ne cesse de s'interroger sur son nouveau statut de couple et réalise qu'elle n'est pas vraiment en amour. En fait, elle ne sait pas trop ce qui l'a incitée à accepter la demande de Joël. Elle comprend qu'elle avait plus de plaisir avec lui avant qu'ils ne sortent ensemble et qu'en fait, ce qu'elle aimait, c'était l'amitié qu'ils avaient développée.

En discutant avec sa mère, elle constate qu'elle est davantage «en amour avec l'amour» qu'en amour avec ce garçon, que ça lui fait du bien de sortir avec un gars, puisque c'est cool de dire qu'elle a un chum, mais qu'elle ne ressent pas d'amour pour lui. Elle passe la soirée à hésiter. Elle trouve que ce n'est pas correct pour le garçon de changer d'idée ainsi. En même temps, elle ne se voit pas continuer à se dire en couple avec Joël, alors qu'elle ne ressent pas d'amour en pensant à lui.

Courageuse, elle décide de lui écrire un message «perso» sur Facebook :

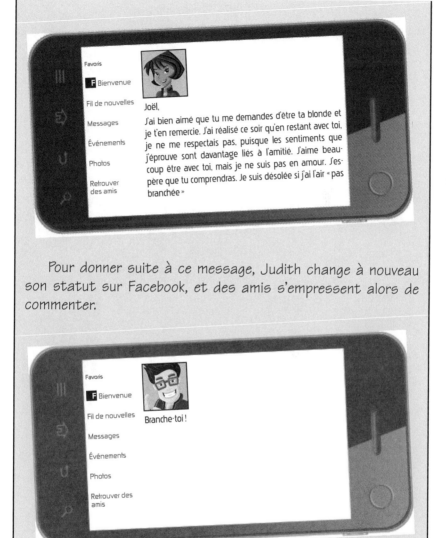

Favoris

F Bienvenue

Fil de nouvelles

Messages

Événements

Photos

Retrouver
des amis

Joël,

J'ai bien aimé que tu me demandes d'être ta blonde et je t'en remercie. J'ai réalisé ce soir qu'en restant avec toi, je ne me respectais pas, puisque les sentiments que j'éprouve sont davantage liés à l'amitié. J'aime beaucoup être avec toi, mais je ne suis pas en amour. J'espère que tu comprendras. Je suis désolée si j'ai l'air « pas branchée »

Pour donner suite à ce message, Judith change à nouveau son statut sur Facebook, et des amis s'empressent alors de commenter.

Favoris

F Bienvenue

Fil de nouvelles

Messages

Événements

Photos

Retrouver des
amis

Branche-toi !

Ce n'est que le commencement, puisque le lendemain, à l'école, les amis de Joël viennent à tour de rôle commenter la décision de Judith.

Certains lui disent qu'elle l'a niaisé, que c'était méchant... Alors que tout ce qu'elle voulait, c'était être honnête avec lui et, surtout, avec elle-même. Finalement, le garçon semble avoir compris l'ambivalence de Judith, alors que ce n'est pas le cas pour ses copains.

Judith : « J'ai appris que lorsque je reçois une demande, je dois réfléchir à mes intentions et, surtout, à mes sentiments envers l'autre personne avant de donner une réponse, pour ne pas créer de fausses attentes chez l'autre. »

« Je suis fière de m'être respectée et d'avoir réussi à passer par-dessus mon orgueil pour changer ma décision. »

Piste : Fais preuve d'ouverture envers les autres plutôt que de les juger, et ce, même si tu n'es pas en accord avec leur façon d'agir.

Question réflexion : Selon toi, quelles sont les autres raisons qui ont motivé Judith à répondre oui à la demande de Joël, alors qu'elle n'était pas vraiment en amour avec lui ?

Truc : Rien ne vaut une conversation face à face quand on a des choses importantes à dire.

L'amour en action

Le langage amoureux

Il y a plusieurs façons d'exprimer notre amour à ceux qui nous entourent, ainsi que de ressentir le leur. Toutefois, d'une personne à l'autre, la façon de l'exprimer peut différer. Tu veux assurément de l'amour, n'est-ce pas ? Une des façons d'en avoir est de t'en donner et d'en offrir aux autres tout en utilisant ton jugement.

Voici cinq façons de démontrer ton amour et de ressentir celui des autres[7].

1. Compliments et mots doux

Les mots doux et les compliments sincères contribuent à renforcer l'estime de soi des personnes qui les reçoivent et font qu'elles se sentent aimées. Par exemple, des paroles positives et encourageantes à l'égard de ton chum favoriseront les rapprochements. Si tu reçois un compliment, remercie la personne plutôt que de répliquer.

Truc : Assure-toi de faire un minimum de trois compliments sincères pour chaque critique.

---

7. Inspiré de la théorie des cinq langages de l'amour de Gary Chapman.

L'amour peut aussi se démontrer par des noms gentils. «Mon chou, mon amour, ma belle, ma princesse, ma chouchoune», par exemple. Sans être obligatoires, ils peuvent nous permettre de nous sentir en relation intime avec une personne. Rappelle-toi : un surnom gentil peut imprégner la vie d'une personne pendant des années. Les «ma belle truite» ou «mon p'tit cochonnet» peuvent, sans qu'ils soient méchants, affecter l'estime personnelle de quelqu'un. Certains «petits noms» doivent aussi rester à l'âge de l'enfance...

Il serait temps que mes parents arrêtent de me surnommer «mon poussin»!

 Truc : N'accepte pas un sobriquet (surnom) qui te déplaît, refuse-le dès le départ!

2. Petites attentions

T'arrive-t-il de porter attention aux personnes que tu aimes en leur faisant des surprises, des cadeaux (ce n'est pas le prix qui compte, mais l'intention et l'énergie déployée) ou tout simplement en prenant du temps pour elles? Attention toutefois à ne pas trop en faire! C'est avant tout une question d'équilibre. Trop, c'est comme pas assez!

3. Communication

Le dialogue est une des bonnes façons de démontrer son amour. Il permet d'apprendre à se connaître, à mieux se comprendre, à exprimer ses besoins, ses désirs, à parler des projets respectifs et communs... Il va de soi que la conversation se doit d'être honnête, agréable et positive. En étant à l'écoute de l'autre et en observant son langage non verbal (les signes que son corps t'envoie), il sera plus facile de comprendre ses messages ainsi que ce qu'il ressent.

4. **Partage et entraide**

C'est connu, l'entraide permet de solidifier des liens et fait assurément plaisir. À ce titre, tu pourrais aider ton chum à ranger sa chambre ou prendre le temps de lui expliquer un devoir. Tu pourrais aussi accompagner ta copine lorsqu'elle garde son petit frère.

5. **Tendresse, toucher et rapprochements**

Notre corps ne s'exprime pas qu'avec les mots. Du simple effleurement de la main sous la table aux échanges de caresses lors de relations sexuelles, les contacts tactiles peuvent être des expressions de l'amour. La délicatesse des premiers gestes revêt une grande importance avant d'explorer des caresses plus intimes.

De plus, à certains moments, il est important pour un couple de se toucher sans qu'il y ait de connotations sexuelles. Sache que tu n'as pas à prouver ton amour en ayant des relations sexuelles.

Quel est ton langage ?

T'es-tu déjà demandé quel langage tu utilisais pour démontrer ton amour aux autres ? En te référant au langage amoureux, réponds aux questions suivantes pour apprendre à mieux te connaître :

• Quelle façon te permet de te sentir le plus aimée et te fait le plus plaisir ?

• Est-ce principalement le langage qu'utilisent les gens qui t'aiment pour te le démontrer ?

• Comment exprimes-tu le plus souvent ton amour aux autres ?

Peut-être ne te sens-tu pas aimée en ce moment de certaines personnes qui t'entourent. Informe ton entourage de ton principal langage amoureux. Ainsi, si certaines personnes s'adaptent à toi, tu seras encore plus satisfaite de tes relations.

Pose-toi les deux questions suivantes pour mieux apprendre à connaître ton chum et ses besoins :

- Quelles sont les deux façons qui permettent le plus à ton amoureux de se sentir aimé ?
- Comment pourrais-tu utiliser davantage le même langage que lui ?

 Truc : Tu pourrais te poser les deux dernières questions pour mieux connaître une autre personne qui te tient à cœur, telle qu'une amie ou un membre de ta famille.

En ajustant ton langage amoureux aux personnes de ton entourage, celles-ci comprendront davantage à quel point tu les aimes.

Petits gestes et bonnes manières

Il arrive que des gens soient plus attentionnés que d'autres. On t'a peut-être déjà ouvert la porte ou aidée à mettre ton manteau ? Peut-être que certaines de ces petites attentions t'ont déstabilisée ? Sais-tu comment réagir positivement à ces gentillesses ? Comment inspirer certains de ces comportements chez les gens qui t'entourent ? La réponse est simple, soit naturelle et, surtout, apprends à recevoir autant qu'à partager.

Es-tu au courant qu'au fil des siècles se sont installés des codes de conduite en société ? Civisme, bonnes manières, étiquette, tous ces codes ont pour but de faire plaisir ou de nous faire sentir en sécurité. Par exemple, dans le passé, si l'homme dépassait une femme pour lui ouvrir la porte, c'était pour s'assurer qu'elle ne court aucun danger. Si on aidait une femme à mettre son manteau ou si on lui ouvrait la portière de la voiture, c'était pour éviter que ce dernier ne traîne par terre et se salisse dans la boue.

Il se peut qu'un garçon fasse un effort pour être galant avec toi. Ton rôle est alors de savoir comment te comporter face à ses gentillesses. Surtout si tu as envie qu'il recommence dans le futur !

Comment répondre à la galanterie

Voici certains gestes et une des bonnes façons d'y réagir. Nous nous sommes attardées aux gars de ton âge. Cela aurait pu être ton père et même une femme qui pourraient recevoir certaines petites attentions venant de toi.

Yeah!: Au centre commercial, un gars se retourne vers toi, il entre et te tient la porte. Tu accélères le pas de façon à ne pas le faire attendre et tu lui dis simplement : « Merci. »

Beurk!: Tu prends ton temps et le forces à attendre après toi.

...

Yeah!: Un gars veut t'aider à mettre ton manteau. Tu étends tes deux bras vers l'arrière et il enfile lui-même le manteau jusqu'à tes épaules, sans obstacle.

Beurk!: Tu passes un bras et ensuite l'autre. Pas facile de cette façon.

...

Yeah!: Au cinéma ou au parc d'attractions, il sort son argent alors que tu as déjà ton portefeuille dans les mains. S'il te dit qu'il paie pour toi, accepte et offre-lui de payer des friandises.

Beurk!: Tu attends qu'il y ait un malaise avant de lui offrir de payer ta part.

...

Yeah!: Un garçon t'invite au restaurant, tu ne sais pas s'il paiera pour toi. Quand la serveuse demande si elle fait une ou deux factures, tu offres au gars de payer ta part. S'il insiste pour payer pour vous deux, tu lui laisses ce plaisir. Si tu gagnes ton propre argent, tu peux aussi lui dire que tu l'inviteras à ton tour une autre fois.

Beurk!: Tu insistes fortement pour payer ta part, ce qui peut être perçu comme si tu n'étais pas intéressée à revoir le gars, à moins que ce ne soit vraiment le cas... ;-)

...

Yeah!: Un gars te fait un compliment sur tes cheveux. Que ce soit une personne que tu connais ou un inconnu, tu te contentes de dire : « Merci. »

Beurk!: Tu évites de le contredire en lui disant : « Moi, je les trouve laids, ce matin ! »

...

Yeah!: Un gars t'invite à souper chez lui (ou dans sa famille). Tu offres ton aide pour le service ou pour desservir la table. En France, ça ne se fait pas, mais au Québec, cela est une marque de respect envers la personne qui a cuisiné. Tu t'offres et si on refuse, tu n'insistes pas.

Beurk!: Tu te lèves pour desservir sans attendre qu'on te le permette.

...

 Note : Savoir bien agir, c'est éviter de devoir se justifier ou s'excuser par la suite.

Amour et stéréotypes sexuels

Les stéréotypes ont la peau dure!

Les gars sont comme ci, les filles sont comme ça... Les stéréotypes résistent à tout, même aux années qui passent. Il est étonnant de constater que malgré ton souhait de ne pas suivre les idées préconçues des autres, tu le fais tout de même sans le savoir... ou le vouloir. L'as-tu déjà remarqué? Si tu veux que les stéréotypes cessent, qu'attends-tu pour les rejeter de ta vie?

Voici des exemples de ce qu'on entend dans la vie de tous les jours (ou sur les réseaux sociaux):

Stéréotype 1: Un gars bâti, c't'un macho.

Stéréotype 2: Les gars pensent avec le cerveau d'en bas!

Stéréotype 3: Les blondes sont toutes pareilles... des idiotes.

Stéréotype 4: Toutes les filles aiment se *poupouner* (se coiffer, se maquiller, etc.)

 Question réflexion: Connais-tu d'autres exemples de stéréotypes que tu exprimes toi-même ou que tu entends de la bouche des autres?

Par respect, que dirais-tu de faire un peu plus confiance à ton propre jugement sans mettre tout le monde dans le même bateau, sous prétexte que quelqu'un l'a dit avant toi? Heureusement, il y a de nombreuses personnes qui ne correspondent pas aux stéréotypes véhiculés par notre société. À toi de cesser de les véhiculer, tu en as le pouvoir.

J'suis même pas blonde et je trouve injustes les jokes faites sur les blondes! J'me suis pas gênée pour le dire à Étienne, l'autre jour.

Ils veulent tous la même chose !

Malgré le stéréotype voulant que les gars aient une folle envie de toucher les seins des filles, plusieurs sont nerveux à l'idée de passer à l'action. Ils ont peur de la réaction de la fille, mais aussi de leurs propres réactions physiques. Auront-ils une érection? Si la fille s'en aperçoit, rira-t-elle d'eux, en parlera-t-elle à ses amies?

La fille aussi peut se demander ce que les gens vont penser si le garçon parle de son geste aux autres. Le gars va-t-il lui serrer les seins trop

C'est pas vrai que les gars sont tous pareils et qu'ils n'ont qu'une idée : de mettre la main dans notre chandail. Mon nouveau chum, lui, m'a demandé si j'acceptais qu'il le fasse et j'ai trouvé ça gentil de sa part.

fort et lui faire mal? Comment doit-elle réagir pendant qu'il la caresse? Voilà le genre de questions qui surviennent souvent. Nous sommes loin des stéréotypes véhiculés à grande échelle, n'est-ce pas?

Même si j'aimerais y toucher, ça me gêne juste d'y penser.

Collaboration de Marie-Élaine de Tilly

Marie-Élaine a été une précieuse collaboratrice pour ce livre. Elle a su commenter et bonifier certains passages.

Grâce à son travail de sexologue-éducatrice, Marie-Élaine est devenue l'accompagnatrice d'une multitude de personnes qui se sentaient démunies et sans point de repère par rapport à leur réalité. Elle est rapidement devenue l'oreille attentive de jeunes qui se posaient de grandes questions telles que : « Suis-je né dans le bon corps ? J'ai l'impression d'être un gars prisonnier dans le corps d'une fille. » C'est une réalité difficile à comprendre par ses enjeux, d'où l'importance d'avoir accès à des personnes-ressources telles que Marie-Élaine, puisqu'elles offrent de l'écoute et du soutien dans le cheminement personnel des gens aux prises avec ces interrogations.

Lorsqu'elle a lu ce chapitre sur les stéréotypes sexuels, Marie-Élaine a tout de suite eu envie d'ouvrir la porte à ces jeunes qui remettent en question leur identité sexuelle. Voici ce qu'elle avait à nous dire à ce propos :

Expérience de Marie-Élaine de Tilly

E-BOOK

À l'adolescence, il est effectivement fréquent de se poser des questions sur ce qu'on aime, sur nos valeurs et sur qui nous sommes. Ça fait partie de notre développement, de la découverte de sa propre personnalité. Seulement, certaines personnes se posent des questions qui impliquent beaucoup plus que l'exploration de sa personnalité ou même de son orientation sexuelle.

Ces personnes dont je parle s'interrogent plutôt sur leur identité de genre. «Quessé ça», me diras-tu! En fait, il s'agit du sentiment profond de se sentir homme ou femme. Pour la majorité des gens, ce sentiment est très clair dans leur esprit. Seulement, il arrive que certains aient l'impression de ne pas être nés dans le bon corps, comme si celui-ci ne correspondait pas du tout à ce qu'ils ressentent dans leur cœur et leur tête. Un peu comme si leur sentiment d'être homme ou femme ne correspondait pas du tout à leur corps, femelle ou mâle. S'il t'arrive de te poser ce genre de questions, rassure-toi en sachant que tu n'es pas seule.

Une partie de mon travail m'a amenée à rencontrer plusieurs jeunes (et moins jeunes!) qui se posent ces questions. Il existe quelques organismes ou professionnels qui peuvent venir en aide à ces personnes en les accompagnant dans leur cheminement et en explorant avec elles ce sentiment. Sache donc que tu peux en faire tout autant si ce petit paragraphe t'interpelle.

La jalousie, une preuve d'amour?

Jalousie, quand tu nous tiens!

Comme tu le sais probablement déjà, la jalousie est un thème au centre des nombreuses discussions d'adolescentes. Une des raisons de la jalousie est le manque d'estime de soi. Toi, qu'en penses-tu?

Quand elles en sont à développer leur estime personnelle et à entrer dans de nouvelles relations amoureuses et amicales, il arrive que certaines adolescentes soient inquiètes de ne pas avoir un certain contrôle sur les pensées et les actions de la personne qu'elles aiment.

Quand les règles mutuelles sont claires et déjà établies, il est plus facile pour les deux personnes de les respecter. En ce sens, il est utile d'apprendre à te connaître et à bien communiquer tes limites, sans vouloir tout contrôler.

Si tu appliques cette pensée, tu verras que ton bonheur réside entre tes mains et non pas entre celles de l'autre. Ici encore revient la **Méthode ANISSAN©**, qui te suggère d'équilibrer tes priorités et de ne pas te mettre en état de dépendance. Aie confiance en ta valeur.

Citation : La jalousie ne nourrit pas l'amour, elle contribue à le compliquer.

Un peu de jalousie, mais pas trop

Les agissements d'une personne peuvent influencer le niveau de jalousie d'une autre. Si tu as bien communiqué tes limites envers l'autre et que cette personne s'amuse à les dépasser, il est normal que tu ressentes peut-être un sentiment de non-respect qui se rapproche de la jalousie.

Surtout, ne tente pas d'imiter l'autre et de participer à son jeu en espérant le rendre jaloux ; ça ne fera qu'empirer la situation. Prends le temps de respirer et attends le bon moment pour lui en parler. En attendant, dirige ton énergie vers une autre personne avec qui tu te sens bien, telle qu'une amie, ou va vers des activités qui te changeront les idées.

Moi, si mon chum devient jaloux, je vais m'occuper de moi et je ne lui donnerai pas le pouvoir de me faire sentir mal.

Gérer la vie des autres

Une personne qui se montre inquiète et qui désire tout contrôler en agissant en « Germaine* » risque de faire fuir la personne qu'elle aime, celle-ci ayant peur de ne jamais pouvoir être à la hauteur de ses attentes.

---

* **Définition de Germaine :** expression québécoise commune décrivant une personne qui essaie de « gérer » et de « mener » la vie des autres, sans qu'ils lui aient demandé de le faire.

Essayer de contrôler l'autre est une entrave à sa liberté et cette personne le sait. Nous te suggérons ce court texte:

Il est... Je suis...
Il est mon amour. Je suis son amour.
En lui faisant confiance, il se sent en sécurité.
En me faisant confiance, je me sens en équilibre.
Je n'essaie pas de tout contrôler.
Nous respectons nos choix.
Nous sommes fiers
de nous.

C'est la même chose dans le cas des amies. Une personne équilibrée ayant une bonne estime de soi ne cherchera pas à mettre son entourage à son service, mais sera plutôt en état d'échange. Souviens-toi d'éviter les extrêmes, c'est-à-dire de dégager beaucoup d'assurance afin de convaincre les autres de se fier à toi, ou de jouer à la victime pour que les autres te prennent en pitié. Une personne responsable est celle qui laisse les autres grandir grâce à leurs propres expériences sans vouloir tout contrôler. Cela est bon pour nous tous.

Je ne peux pas vivre sans toi

La plupart des scénarios des films hollywoodiens exploitent la jalousie. On joue sur la fibre sensible des humains, sur leur besoin de vouloir tout contrôler pour se rassurer avec des triangles amoureux. Pas étonnant que les filles aient tendance à monter aux barricades si leur petit ami regarde une autre fille ou s'il arrive en retard à un rendez-vous!

Nous avons constaté que les adolescents et les adolescentes ressentent souvent de la jalousie. Afin de faire baisser leur niveau de stress lié à l'incertitude, ils tentent par divers moyens de contrôler l'autre en imposant leurs propres règles dans le couple, ce qui n'est pas la meilleure des idées.

C'est pas parce que mon chum a du plaisir avec une autre fille que je dois capoter. C'est moi, la personne qu'il a choisie, et il a bien le droit d'avoir des amies. Je garde quand même un p'tit œil sur la situation, sans trop m'en faire.

Un bon moyen de ne pas développer le sentiment de jalousie est d'abord d'équilibrer ta vie. Repense à ton anis, fais des activités avec d'autres personnes que ton amoureux et développe ton estime de toi.

Le savais-tu ? À l'adolescence, on retrouve un plus grand nombre de filles que de garçons ayant des comportements de dépendance et de possessivité[8].

---

8. Rouleau citant Bell, N.J., O'Neal, K. K., Fend, D. et Schoenrock, C. 1999. « Gender and sexual risk », Sex Roles, vol. 41, nos 5/6, p. 313-332.

Ancrage

(Ou comment se connecter à la chaîne estime de soi)

Un ancrage est un réflexe que tu développes à l'intérieur de toi, amenant à un état émotionnel qui t'aide à passer à travers les difficultés de la vie et dans lequel tu peux te réfugier sans que les autres s'en aperçoivent. Imagine-toi qu'il s'agit d'une chaîne de télévision, car tu auras plusieurs «canaux» à mettre en place tels que le courage, la confiance et l'estime de soi.

La création de ton propre service de télévision Anissan-télé

Grâce à ta propre chaîne (inscris ton prénom ici) _____
_____-télé, tu pourrais devenir la productrice de ta vie pour avoir un accès direct au mieux-être. Lorsque tu ne te sens pas très bien, que tu ressens que tu as peu ou pas de valeur, connecte-toi au canal qui te fera du bien. Un peu comme lorsqu'on fait le choix d'écouter une comédie pour se sentir mieux. Voici comment faire:

ZAP 1 – Choisis un endroit calme où tu seras tranquille pour réfléchir ou écouter de la musique instrumentale (sans paroles), tes écouteurs sur les oreilles. Concentre-toi sur ta respiration et ferme les yeux.

ZAP 2 – Lorsque c'est fait, retourne en arrière dans tes souvenirs en te reconnectant aux sensations éprouvées lors d'un moment où tu avais ressenti que tu avais de la valeur, que tu étais fière de toi et donc, que tu te sentais très bien.

ZAP 3 – Imagine avoir la télécommande de ta vie et reculer dans le passé en t'arrêtant à la <u>dernière fois</u> où tu t'es vraiment sentie bien dans ta peau et fière de toi. Nous savons qu'il y a plus d'un moment. Arrête-toi seulement à l'un de ceux-là, peu importe l'endroit où tu étais et l'âge que tu avais.

Réponds à ces questions dans ta tête en visualisant aussi les images associées.

- Où étais-tu ?
- Y avait-il des gens avec toi ?
- Qui étaient-ils ?
- Que faisaient-ils ?
- Que disaient-ils ?
- Qu'entendais-tu (y avait-il de la musique, du bruit) ?
- Que pouvais-tu voir ou sentir (odeur) ?
- Que pensais-tu à ce moment précis ?
- Qu'est-ce que tu te disais ?
- Que ressentais-tu à l'intérieur de toi et à quel endroit le ressentais-tu ?

ZAP 4 – Et comme avec une télécommande de télévision, tu peux décider d'augmenter le volume pour constater si tu te sens mieux. Tu n'as qu'à imaginer que tu pèses sur le volume pour augmenter la sensation de bien-être. Si c'est mieux ainsi, tu peux le laisser tel quel.

Défi 4 (suite)

Choisis un geste pour accompagner ton ancrage

Un simple geste peut rendre ton ancrage de la page précédente encore plus solide

Choisis un geste que toi seule remarqueras. Par exemple, soulève le pouce ou place une de tes mains sur ta cuisse. Lorsque tu ressentiras pleinement les sensations de bien-être, fais le geste en question pendant environ dix secondes.

À l'avenir, quand tu ressentiras le besoin d'avoir une meilleure estime, tu iras syntoniser le canal estime en refaisant le geste choisi. Cela te servira d'ancrage estime et te permettra de revivre les mêmes sensations dans le futur.

Comment bien utiliser ton canal estime?

Lorsque tu ne te sens pas aimée ou que tu n'es pas bien dans ta peau, prends de grandes respirations et utilise ton nouvel ancrage (ton signe) pendant quelques secondes. Pour ce faire, ajuste ta respiration, la posture de ton corps, les expressions de ton visage... Les sensations que tu éprouvais au moment de l'événement agréable où tu étais fière de toi devraient revenir.

Retour en arrière – Tu ne trouves pas l'exercice facile? Dis-toi que c'est comme toute chose: ça demande souvent de la pratique. Comme avec une télécommande, si ce n'est pas totalement comme tu le désires, tu peux tout remettre tel que c'était en revenant au canal précédent ou tu peux relever le défi de nouveau avec un autre souvenir.

Défi relevé ☐ Fais un crochet lorsque tu auras relevé le quatrième défi.

Zappe à une autre chaîne

Si tu désires ajouter des chaînes à ton service de télévision, tu n'as qu'à te connecter à une autre ressource, celle de ton choix, soit un autre canal de ta chaîne (_____)-télé. Ça pourrait être un canal courage, persévérance, créativité ou tout autre canal.

Pour ce faire, tu utilises la même méthode Anissan-télé que pour ton canal estime, mais en te connectant cette fois-ci avec un de tes beaux souvenirs associés au courage, à la persévérance, à la créativité ou à toute autre ressource que tu auras choisie.

Défi relevé ☐ Fais un crochet lorsque tu auras relevé le quatrième défi.

Stéréotypes sur la jalousie

La jalousie est une émotion souvent empreinte d'agressivité envers une personne dont on se figure, à tort ou à raison, qu'elle possède quelque chose que l'on n'a pas et que l'on désire. Par extension, dans le cadre d'une relation amoureuse, la jalousie est la conséquence de la peur de perdre l'être aimé ou l'exclusivité de son amour.

Tu sais, nous ressentons tous de la peur, de la jalousie ou de l'envie à certains moments de notre vie. Les gens cherchent souvent la vérité dans toutes situations alors qu'il n'y a pas qu'une vérité, mais diverses perceptions. Quand une personne ressent de la jalousie, c'est qu'elle se fait peut-être des scénarios dans sa tête. Ceux-ci se révèlent parfois vrais, mais souvent, ils sont faux! La jalousie est probablement plus cette peur inconsciente de souffrir qui nous pousse à imaginer le pire avant même qu'il n'arrive. Extrait de Shakespeare, dans *Othello*: «[...] la jalousie! C'est le monstre aux yeux verts qui produit l'aliment dont il se nourrit[9].»

Ma blonde m'a déjà mis beaucoup de pression, pourtant, moi, j'avais rien fait.

L'amour, c'est quand le scénario rend justice au talent des acteurs et non à leur peur.

9. MARLEAU, Denis. *La force des mots*, 2007, [En ligne]. [www.radio-Canada.ca/arts-spectacles/PlusArts/2007/11/02/002-othello-marleau-ubu.asp] (page consultée le 5 novembre 2013)

Mon copain est hyper jaloux

Comment réagirais-tu si ton copain se faisait des idées? S'il était possessif? Te sentirais-tu obligée de lui prouver des faits, de t'énerver inutilement, alors que cette insécurité lui appartient et qu'elle ne t'appartient pas?

Exigera-t-il de toi que tu laisses tomber tes amis et que tu consacres moins de temps à tes propres activités pour inconsciemment te contrôler? Le piège est d'entrer dans une période de déséquilibre dans les autres sphères de ta vie pour répondre aux insécurités de quelqu'un d'autre.

 Truc : Si tu en doutes, redessine ton anis étoilé et vois combien cette situation affecte ta vie personnelle. As-tu délaissé des amis ou des activités que tu appréciais?

 Truc : Si tu veux, demande à une amie de dessiner elle aussi ton anis, selon sa perception. Elle va peut-être te faire prendre conscience de la situation.

Craintes et stéréotypes sur la beauté

Je ne plais pas aux gars

Tu te dis souvent que tu ne plais pas aux garçons et qu'ils ne sont pas intéressés à toi. En es-tu vraiment certaine? Peut-être n'est-ce qu'une question de perception? Tu sais, le cerveau est un fin renard et il peut parfois te jouer des tours en te présentant des choses comme si elles étaient vraies.

Peut-être qu'une personne est attirée vers toi et qu'elle ne l'a pas encore manifesté, ou peut-être n'a-t-elle pas l'intention de te le faire savoir maintenant, car elle n'est pas encore prête. Cela est fréquent.

« Chaque chaudron trouve son couvercle », comme disait ma grand-mère!!

Elle est tellement populaire qu'elle ne sera jamais attirée par moi!

Plusieurs filles se disent qu'elles ne plaisent pas aux gars parce qu'elles ne sont pas « populaires ». Alors que c'est tout le contraire: certains gars se retiennent de manifester leur intérêt auprès de filles dites « populaires », car ils se croient incapables de leur plaire.

Est-ce ton aspect physique qui t'inquiète ?

Plusieurs adolescentes ont une vision déformée de leur apparence et mettent l'accent sur les parties de leur corps qu'elles n'aiment pas, plutôt que sur celles qu'elles préfèrent. Toi, quelles parties de ton corps préfères-tu et pour quelles raisons ? De ton côté, choisirais-tu un partenaire amoureux selon le seul critère de l'apparence physique ? Si tu avais à choisir une ou un partenaire amoureux, quels seraient tes principaux critères ?

En apprenant à reconnaître tes forces et tes faiblesses, tes défauts et tes qualités, tu gagneras en confiance et ça te rendra certainement encore plus attirante. Pourquoi ne pas rire de ce que tu perçois comme tes défauts ? Ils te sembleront beaucoup plus sympathiques.

Moi, j'aime mieux une fille moins belle et qui est drôle qu'une belle fille qui est bête.

 Truc : Imagine-toi dans la peau d'une personne qui t'aime vraiment. Qu'est-ce que cette personne dirait de toi ?

Faut-il être beau physiquement pour être aimé ?

« Plusieurs fois par semaine, je change ma photo de profil sur Facebook. Je suis inquiète de mon image, de ce que les gens pensent de moi. Je passe beaucoup de temps à regarder les comptes d'autres filles, que je trouve plus belles que moi.»

Le nombre de «J'aime» sur un réseau social ne définit pas la beauté d'une personne, puisqu'il dépend entre autres du nombre de personnes qui visiteront sa page et du fait que la personne peut avoir modifié (amélioré) sa photo avant de la publier. D'autant plus que la beauté ne se résume pas uniquement au physique, mais aussi au tempérament de la personne.

Bien sûr, l'aspect physique est la première chose que l'on remarque chez une personne. Ses cheveux, son sourire et tout le reste aussi. En revanche, si cette personne est désagréable, cela ternira certainement la façon dont on la voit.

Pourquoi est-ce que je me compare toujours aux autres filles?

Tu te demandes parfois, et même souvent: «Qu'est-ce qui fait qu'une fille est plus populaire qu'une autre auprès des garçons?» Si tu crois aussi que c'est à cause de ta beauté ou parce que les garçons ne savent pas reconnaître qui tu es vraiment, alors viennent les doutes. Des doutes sur ta façon de te coiffer, de te vêtir ou d'agir qui correspondent à l'image que tu aimerais que les autres aient de toi.

Les autres n'éprouvent pas de l'attirance envers toi à cause de la façon dont tu t'habilles ou pour tes traits physiques, mais grâce à l'état d'esprit qui émane de toi. Et si tu décidais de ne porter que les vêtements que tu aimes, ceux dans lesquels tu es à l'aise, que crois-tu que les autres verraient de toi?

 Truc: Sois aussi bienveillante (ou compréhensive) avec toi que tu l'es envers tes amies.

Déjà entendu : «Il a dit que tu étais jolie. C'est presque insultant. Tu es beaucoup plus que ça.» – Edward qui s'adresse à Bella dans le film Twilight – La fascination[10]

L'amour, c'est bien au-delà de la beauté extérieure

Qu'évoque en toi le terme «beauté»? As-tu besoin de trouver un gars hyper beau pour être attirée par lui? Pourtant, c'est à force de connaître quelqu'un qu'on finit par le trouver beau.

Dans ses imperfections, tu trouveras des p'tits coins charmants qui te feront peut-être même sourire et que tu finiras par apprécier.

Mes amis ne trouvent pas que ma blonde est un pétard, mais moi, elle «m'allume» en masse.

La beauté est reliée à une perception, à une façon de voir qui est différente d'une personne à l'autre, selon chaque culture. Elle évolue aussi selon l'époque et nous procure une sensation de plaisir. Pense au plaisir que tu avais à regarder un chanteur que tu trouvais cute, maintenant que tu le trouves moins séduisant au profit d'un autre!

---

10. Catherine Hardwicke, Twilight – La fascination, Film cinématographique, 2008, 121 minutes, DVD.

Nous avons demandé à des personnes ce que le terme «beauté» pouvait évoquer pour elles. Voici quelques réponses :

La beauté, c'est lorsqu'une personne…

- A un bon sens de l'humour.
- Est bien dans sa peau, sans se prendre pour une autre.
- Ose dire ce qu'elle pense, avec tact, une personne franche.
- A un bon jugement et ne se met pas toujours dans le trouble.
- Se conduit avec assurance.
- Est capable de rire de ses maladresses.
- Est timide et discrète.
- Ta réponse : _____

La beauté à travers les yeux de mes amies

Lors d'une soirée entre amies, et surtout, quand l'ambiance s'y prête, nous t'invitons à relever le défi de la beauté. Munissez-vous d'une brosse à cheveux. La personne qui l'aura entre les mains sera la seule qui aura droit de parole. Choisissez une fille, et…

1. À tour de rôle, les autres filles du groupe nomment **une partie du corps** qu'elles aiment de la personne choisie, en prenant soin de ne pas répéter ce qui a déjà été nommé. Elles expliquent aussi la raison de leur compliment.

Lorsqu'une personne reçoit les compliments, elle n'a pas le droit de les refuser ou d'argumenter. Elle doit être en mode « écoute ». Tout ce qu'elle peut faire est de remercier celle qui l'a complimentée.

Exemples : Brigitte dit : « J'aime particulièrement tes cheveux, Jasmine. J'aime leur couleur et cette coupe te va bien. »

Sophie dit : « Moi, c'est le bleu de tes yeux. J'aurais aimé avoir les yeux bleus. »

2. Toujours à tour de rôle, en tenant la brosse à cheveux, chacune des filles nomme **un talent** ou une habileté qu'elle a remarqué chez chacune de ses amies.

Exemple : « Jade, je trouve que tu es talentueuse au soccer. Tu cours vite et tu es très agile avec le ballon. »

3. Les filles nomment ensuite **un trait de caractère** qu'elles aiment pour chacune des personnes du groupe.

Exemple : « Jasmine, je te trouve généreuse avec les autres… »

4. Si vous le désirez, vous pourriez terminer le défi en exprimant à tour de rôle comment vous vous êtes senties en le relevant.

Défi relevé ☐ Fais un crochet lorsque tu auras relevé le cinquième défi.

Séduire à tout prix ?

As-tu souvent besoin de te regarder à travers les yeux des autres et de toujours les séduire physiquement pour augmenter ta valeur ? Tu te dis qu'il n'y a rien de mal à séduire en utilisant son pouvoir et que, de toute

Moi, je faisais ça avant, jusqu'à ce que je réalise que j'n'avais pas besoin de séduire quelqu'un pour me faire aimer.

façon, tu n'as que de bonnes intentions. Qui tentes-tu de convaincre lorsque tu agis de la sorte? Est-ce les autres ou toi-même? Comment crois-tu que les autres interprètent certaines de tes attitudes?

 Truc: Les filles, soyez solidaires! Si vous voyez une fille agir de la sorte, rappelez-lui la valeur qu'elle a.

Plaire, pourquoi et pour qui?

Regards séducteurs, habillement très léger et sexy, utilisation à outrance du maquillage, comportements provocateurs, voilà quelques exemples des moyens utilisés par plusieurs adolescentes pour tenter de séduire les garçons.

Plusieurs le font dans un but volontaire, c'est-à-dire qu'elles en sont très conscientes. D'autres le font pour ne pas se sentir à part de leurs amies, qui utilisent certains de ces moyens pour séduire elles aussi. En sont-elles conscientes?

Et toi, utilises-tu ces moyens pour séduire ou attirer l'attention?

Si oui,

Pourquoi?

Pour qui?

Rassure-toi, puisqu'en apprenant à te poser ces deux questions, tu pourras les mettre en pratique toute ta vie. Elles t'aideront probablement à mieux cibler la raison de tes actions et aussi d'en assumer les résultats. Si pour plaire, tu fais le mauvais choix, il te sera ainsi plus facile d'assumer ta décision.

> **L'amour, c'est quand se plaire à soi-même devient attrayant pour l'autre.**

Quand le désir de plaire est trop grand

Chez certaines jeunes filles, le désir de plaire est beaucoup trop grand. Elles en font un besoin fondamental, comme boire, manger et dormir. Quand plaire prend trop de place dans ta vie et quand ce désir de plaire fait passer les besoins des autres avant les tiens, questionne-toi à savoir si les branches de ton anis étoilé sont en équilibre. À l'évidence, un grand nombre de nos décisions sont basées sur ce que les autres penseront de nous.

Est-ce la peur d'être rejetée qui te motive à vouloir plaire à tout prix ? La peur de déplaire pourrait-elle t'occasionner des désagréments ? De tout petits désagréments peuvent s'accumuler pour devenir un grand malaise.

Apprends à écouter ton cœur ou la petite voix dans ta tête, qui dit oui ou non, puisque son but est de te guider vers le bonheur personnel, qui te donnera la force de te respecter. Il n'est pas égoïste d'agir en fonction de ce qui est important pour toi. Après tout, la personne la plus importante dans ta vie, n'est-elle pas toi-même ? Il suffit d'être équilibrée dans ta façon de faire.

 Question réflexion : Si le jugement des autres n'existait pas, aurais-tu les mêmes opinions ou prendrais-tu les mêmes décisions ?

E-BOOK

Témoignage de Marie-Ève

Marie-Ève : « Copier les autres pour sentir qu'on existe ! »

Lorsque j'étais en première et deuxième secondaire, je copiais le style vestimentaire de quelques filles d'une gang de l'école pour être aussi populaire qu'elles. Je cherchais qui j'étais vraiment et je pensais qu'il suffisait de copier le style des personnes que j'admirais pour me sentir bien et être aimée des autres. Crois-tu que ça a été le cas ? Pas vraiment ! En deuxième secondaire, ça m'a causé des conflits, puisqu'une des filles n'était pas contente et le disait à mes amies. Avec le temps, j'ai compris que ça ne me donnait rien d'imiter les autres, puisque ça ne me permettait pas d'apprendre à me connaître et d'être reconnue pour qui j'étais vraiment. En troisième secondaire, j'étais fière de moi parce que je faisais mes choix en fonction de mes goûts et non pour faire plaisir à mes amies ou pour être avec elles.

Question réflexion : Rappelle-toi la dernière fois que tu as porté un vêtement qui correspondait vraiment à ta personnalité. Était-ce parce que tu avais su penser à toi avant de penser à ce qu'en diraient les autres ?

 Piste : Lorsque tu achètes un vêtement ou un accessoire, demande-toi si tu te sens confortable et jolie lorsque tu fais l'essayage. Si tu souris en te regardant dans le miroir, c'est probablement le bon choix.

 Truc : Quand tu n'es vraiment pas certaine de ton choix, penche-toi par en avant et sur les côtés, assieds-toi, puis relève-toi. Regarde comment le vêtement suit les mouvements de ton corps. En montre-t-il trop ? Est-ce que tu dois tout réajuster à chaque mouvement que tu fais ?

La séduction

On appelait cela « faire la cour »

Faire la cour au temps des rois, ce n'était pas seulement roucouler au cou des femmes pour les séduire; il fallait aussi faire étalage de ses qualités personnelles autant que faire connaître ses avoirs financiers. Tous, la famille ainsi que l'entourage, avaient leur mot à dire sur la relation potentielle.

À une époque plus près de nous, au début du 19e siècle, faire la cour se faisait dans le salon familial de la dame et en présence d'une personne (un chaperon) qui allait tout raconter aux parents. Cette personne avait la tâche d'empêcher les filles de commettre des gestes qui auraient pu nuire à leur réputation ainsi qu'à celle de leur famille.

Faire la cour aujourd'hui

Aujourd'hui, les choses ont changé. Les médias sociaux, les amis indiscrets et nos multiples occupations personnelles font qu'il est peut-être de plus en plus difficile de rencontrer quelqu'un. Maintenant que tu connais l'importance de l'équilibre dans ta vie, tu pourras faire le choix de prendre le temps qu'il faut pour rencontrer la personne qui te convient.

De nos jours, les parents désirent encore avoir leur mot à dire, mais ils respectent beaucoup plus le besoin pour les deux amoureux d'avoir leur propre espace afin d'apprendre à mieux se connaître. Malgré tout, n'oublie pas que tes parents auront peut-être le désir de mieux connaître le garçon, et même son environnement familial, pour se faire une idée sur lui avant d'approuver votre relation. Lorsqu'ils sont d'accord avec ton choix, cela facilite grandement les fréquentations, sinon ça peut devenir pénible.

Par contre, si un garçon te montre de l'intérêt et te fait la cour, ne sois pas hypocrite avec lui. Tu sais… jouer les dures à gagner pendant des semaines, faire comme s'il ne t'intéressait pas. Sois honnête concernant tes sentiments et ne le fais pas trop attendre, ce qui aurait beaucoup plus l'air de le « niaiser » que de te faire désirer.

Un brin d'humour

— Tu as les plus beaux yeux du monde.

— T'as fait le même compliment à ton ex.

— T'as les deuxièmes plus beaux yeux du monde.

— …

> **L'amour, c'est faire la cour et avoir envie de regarder quelqu'un dans les yeux, même s'il faut prendre une échelle pour s'y rendre.**

Faire les premiers pas, pas à pas

Ça fait des mois que l'école est commencée et là, tout à coup, il apparaît. Pourtant, il était là, sous tes yeux, mais tu ne l'avais pas encore remarqué. Ton cœur s'arrête, tu prends le bras de ta copine Mélodie et tu lui dis: «Wow, t'as vu le gars? Il faut que tu lui demandes de sortir avec moi!» Stooop!

Bien sûr, tu as compris que tu as maintenant l'âge pour faire toi-même le travail. Faire les premiers pas, ce n'est pas plus facile pour les filles que pour les gars. Écoute plutôt ton cœur et fais preuve de spontanéité.

Je trouve ça vraiment cute quand ce sont les filles qui font les premiers pas.

Tu n'en mourras pas! Qu'il dise oui ou non, tu auras la fierté d'avoir essayé.

Voici quelques trucs d'une vraie de vraie PRO en séduction.

Ces derniers pourront t'aider dans ton opération «premiers pas».

1. **Fais-toi remarquer...**

    Durée: deux secondes (chaque fois)

    À faire: passe quelques fois près de lui, sans trop le regarder.

À éviter: passer près de lui en faisant la folle et en riant très fort.

2. **Assure-toi qu'il t'a <u>bien</u> remarquée...**

   Durée: trois secondes (chaque fois)

   À faire: passe près de lui, regarde-le et lorsqu'il te voit, détourne le regard.

   À éviter: foncer dans une personne ou dans un mur en le regardant intensément.

3. **Sollicite <u>vraiment</u> son attention...**

   Durée: 10 secondes (une seule fois)

   À faire: échappe ton cartable, accroche légèrement son épaule en marchant et souris-lui.

   À éviter: lui parler lorsqu'il est avec son groupe d'amis ou, encore pire, d'am<u>ies.</u>

4. **Ose lui parler**

   Durée: 10 secondes (un bon début)

   À faire: tu t'excuses ou tu lui poses une question anodine (sur une activité ou un devoir).

   À éviter: que tes amies se mêlent de ta conversation. Elles risqueraient de rigoler et de t'enlever toute crédibilité.

Là se termine ta première opération séduction. Prépare-toi, le meilleur reste à venir!

1. **L'invitation**

   Durée: deux minutes (quand tu en auras le courage)

   À faire: s'il n'a rien fait ou ne fait rien, invite-le à une sortie ou demande-lui s'il veut participer à une activité seul avec toi.

   À éviter: l'inviter à l'endroit où sa gang d'amis risque d'être présente alors que toi, tu arriveras seule. Trop gênant!

2. **Le fameux rendez-vous**

Durée : moins de deux heures (youpi)

À faire : tu as choisi un lieu neutre, tel que le cinéma ou le parc.

À éviter : vous rencontrer chez toi ou chez lui, question de ne pas mêler ton p'tit frère à ton premier rendez-vous et de vous faire taquiner.

3. **Laisse-le respirer… (un peu)**

Durée : tant que tu pourras te retenir

À faire : attends qu'il revienne vers toi, même si tu as envie d'être avec lui.

À éviter : agir comme un pot de colle. Laisse-le s'ennuyer de toi un peu, afin de te laisser désirer.

4. **Ça y est, vous êtes « en couple »** ! Maintenant commence le vrai défi : la gestion des copines-espionnes, des camarades de gars trop taquins, qui attendront le bon moment pour te poser des questions embarrassantes. C'est dans cette période qu'on dit que l'amour doit se battre, envers et contre tout ! Tu es prévenue, sois prête !

> **L'amour, c'est comme monter dans un train avec nos bagages, les plus légers comme les plus lourds.**

D'autres conseils de la PRO en séduction

Conseils pour réussir sa première *date*[11]. Tu cherches l'amour ou tu crois l'avoir trouvé ? Ce n'est pas le temps de faire une folle de toi. Profite de ces quelques conseils d'une pro pour faire bonne figure et espérer un deuxième rendez-vous.

---

11. Définition de *date* : anglicisme servant à décrire la personne d'un premier rendez-vous.

1. **Le look**

 Tenteras-tu :

 A) Le look « naturel » ?

 B) Le look « je te surprends » ?

 C) Le look « je te fais peur tout de suite, ce sera fait » ?

 — Tu rencontres une personne qui te connaît déjà, un gars de ton école ou de ton quartier ?

 Astuce de pro : Ne pas avoir l'air d'avoir passé des heures sur ton look. Il pourrait être déçu la prochaine fois qu'il te verra.

 — Tu rencontres une personne qui ne te voit pas tous les jours ? Ce pourrait, par exemple, être un gars qu'on t'a présenté dernièrement.

 Astuce de pro : Profites-en pour essayer un nouveau look, mais n'en mets pas trop !

2. **Le lieu et la durée**

 Il est préférable de choisir un lieu public et une heure raisonnable. Tu peux...

 — Faire ça vite, au cas où la personne serait ennuyante à bâiller.

 Astuce de pro : Faire une courte visite au parc, prendre un chocolat chaud dans un bistro ou une marche dans ton quartier.

 — Opter pour une rencontre en profondeur, histoire de bien sentir son parfum et de te faire tout de suite une idée.

 Astuce de pro : Aller voir un film, pratiquer un sport ou magasiner au centre commercial.

3. **Le savoir-vivre**

 Les bonnes manières et une certaine retenue sont encore appréciées.

 — Ce n'est pas le temps d'exagérer. S'il paie pour toi, ça ne devrait pas lui coûter la peau des fesses.

Astuce de pro : Éviter les mégas sandwichs ou de baveuses côtes levées.

– Savoir quoi faire et comment le faire. *Ne choisis pas le homard, si tu n'es pas capable de le décortiquer seule.*

Astuce de pro : Les bonnes manières à table impressionneront ton partenaire et sauront le rassurer.

4. **Le langage et l'attitude**

Parler fort, gesticuler et sauter partout ne sont peut-être pas les meilleures des idées.

– Montre-toi maître de la situation et, surtout, de tes émotions (même les joyeuses).

Astuce de pro : Assieds-toi au fond de ta chaise et baisse les bras, tu n'es pas au Club Med.

– Ne parle pas que de toi, intéresse-toi à lui.

Astuce de pro : Si l'autre n'a pas parlé depuis plus de cinq minutes, pose-lui une question ou invite-le à choisir un sujet dont il aimerait parler.

Je te rappelle qu'on ne doit jamais rencontrer seule une personne dont on a à peine fait la connaissance sur les réseaux sociaux ou dans la rue. Assure-toi que tes amies (ou tes parents) savent où tu te trouves et essaie de ne pas changer d'endroit. Laisse (pour cette occasion particulière) ton cellulaire allumé et avertis ta *date* que tu attends un appel. Vas-y, respire, amuse-toi... Gardes-en pour une prochaine fois !

Trouver ta propre technique de séduction

Tu es à la recherche de LA technique qui fera craquer la personne que tu convoites ? Eh bien, elle n'existe pas ! La séduction est le désir de se faire connaître pour ensuite découvrir l'autre. Il n'y a pas qu'une technique qui convient à tous.

Utilise tes propres traits de personnalité en restant tout simplement toi, et cette confiance en tes qualités et tes forces sera attirante pour les autres. En étant authentique et franche, tu éviteras aussi de fausses attentes et des malentendus. Cette attitude te permettra d'être indépendante et de ne pas avoir besoin de la séduction pour te valoriser et te sentir bien. Et ça, c'est très précieux.

Être authentique dès le départ

Nous avons constaté que bon nombre d'adolescentes veulent tellement se montrer sous leur meilleur jour en début de relation qu'elles jouent un rôle comme si elles étaient au cinéma. C'est souvent le rôle de la fille qui est prête à tout pour son chum. Elle se montre charmeuse, aguichante, affectueuse et particulièrement attentive. Elle donne souvent raison au garçon lorsqu'il parle, sans s'interroger sur sa véritable opinion. Elle dit aimer les mêmes activités que lui, penser comme lui, agir comme lui.

J'ai passé des soirées assise, à écouter des matchs de hockey avec mon chum en faisant semblant d'aimer ça. Plusieurs mois plus tard, j'ai réalisé qu'il préférait l'écouter avec ses amis. Avoir su, j'aurais fait autre chose!

Elle joue la comédie sans s'en rendre compte! Le rôle de la fille intéressée est bien. Qu'arrivera-t-il, par contre, une fois qu'elle redeviendra elle-même? Risque-t-elle de ressentir des frustrations? De plus, la personne qu'elle fréquente pourrait être surprise et même déçue de ce qu'elle découvrirait. Il est plus facile dès le départ de rester connectée à tes valeurs personnelles. Tu t'assureras ainsi de te respecter et d'être respectée par l'autre. Si la personne n'accepte pas tes goûts et tes opinions, il est préférable que cela se passe maintenant.

Qu'est-ce que la beauté authentique ?

«Quand je regarde mon corps et mes livres en trop, mes dents croches, mes cheveux qui sont moches, yark... Je décroche!» Quelle façon bizarre de parler de toi! D'abord, sur quelle base te permets-tu de te critiquer si durement? Te bases-tu uniquement sur les images des magazines, celles des vedettes à la télévision?

Certains magazines du genre paparazzi nous démontrent assez clairement, par des photos prises sur le vif, que plusieurs vedettes que tu trouves splendides lors des événements mondains sont en fait des personnes comme nous toutes dans la vie de tous les jours. Plusieurs photos ont été retouchées et embellies avant leur publication. Certaines de ces vedettes requièrent les services des meilleurs coiffeurs et maquilleurs du monde pour avoir un tel look.

Les boutons qui apparaissent au beau milieu du front, les poils qui poussent de façon clairsemée sont ce que tu crois être d'ÉNORMES imperfections physiques? Ils sont probablement dus au fait que la nature se met en place pour te préparer à un des plus beaux rôles que tu auras dans ta vie: devenir une femme. Sois authentique et, sans les mettre en valeur, essaie d'accepter tes imperfections; elles ne sont souvent que temporaires, et tu n'es tellement pas la seule à vivre cela!

Trucs sensés pour séduire

Est-ce une vérité ou une impression? Le succès des unes n'enlève pas de valeur aux autres. Apprends plutôt à mettre en valeur ce qui te différencie des autres tout en restant toi-même. Affirme-toi afin de permettre aux garçons de te connaître davantage. Cela

J'ai parfois l'impression que les garçons qui m'intéressent regardent mes amies ou les filles de groupes plus populaires!

veut dire que tu pourrais te poser la question suivante : combien de temps est-ce que je consacre à ma sphère « soins du corps » et à prendre soin de moi ? Retourne à ton anis et interroge-toi à propos de tes **V**aleurs **P**rimordiales **(VP)**. Quelles sont tes priorités : la beauté physique ou le développement de ta personne en général ?

Certaines adolescentes ne prennent pas soin d'elles sous prétexte qu'elles ne s'aiment pas, qu'elles ne se sentent pas jolies ou à la hauteur des attentes des autres ! Elles ne s'alimentent pas bien, ne font pas d'activités physiques et ne dorment pas assez. Rappelle-toi que si tu veux que les gens te remarquent, il est préférable que tu sois bien dans ta peau et que tu aies l'air serein.

 Truc : Rappelle-toi tout ce que ton corps te permet de faire : respirer, manger, courir, rire, t'amuser… Fais équipe avec lui plutôt que de le critiquer.

Pas besoin de se cacher

J'aime vraiment pas mon corps et je capote à l'idée de me mettre en maillot au beach party de Noémie.

Tu capotes… Demain, mettras-tu ton maillot ou des shorts pour le party de ton amie ? Choisiras-tu de rester assise sur le bord de la piscine à regarder les autres s'amuser ? Nous comprenons que ça peut ne pas être facile pour toi. Tu n'es pas seule dans cette situation. Pour plusieurs, c'est leur pilosité qui les dérange, pour d'autres, c'est davantage le poids.

Peut-être est-ce une bonne occasion de t'accepter telle que tu es et de ne pas chercher à plaire aux autres. N'hésite pas à en parler avec quelqu'un qui t'apportera du réconfort et des suggestions. Chose certaine, ne refuse pas une belle occasion de t'amuser. Tu serais surprise de constater que la plupart des gens ne remarqueront probablement même pas ce qui te dérange. Plus tu afficheras de l'assurance et te sentiras belle, plus les autres te trouveront belle à leur tour.

Tu as envie de t'amuser? Alors pourquoi et pour qui refuserais-tu d'y aller?

Le savais-tu? Sept filles sur dix évitent de faire certaines activités sociales, telles qu'aller à la plage ou faire du sport, parce qu'elles sont insatisfaites de leur apparence[12].

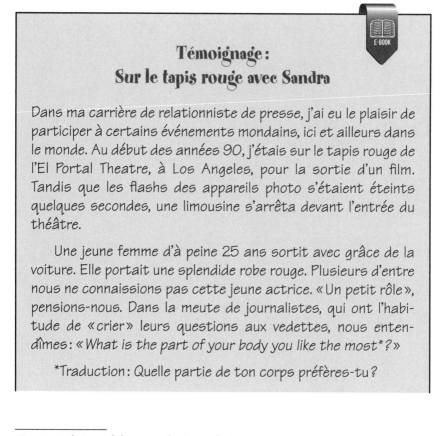

Témoignage:
Sur le tapis rouge avec Sandra

Dans ma carrière de relationniste de presse, j'ai eu le plaisir de participer à certains événements mondains, ici et ailleurs dans le monde. Au début des années 90, j'étais sur le tapis rouge de l'El Portal Theatre, à Los Angeles, pour la sortie d'un film. Tandis que les flashs des appareils photo s'étaient éteints quelques secondes, une limousine s'arrêta devant l'entrée du théâtre.

Une jeune femme d'à peine 25 ans sortit avec grâce de la voiture. Elle portait une splendide robe rouge. Plusieurs d'entre nous ne connaissions pas cette jeune actrice. «Un petit rôle», pensions-nous. Dans la meute de journalistes, qui ont l'habitude de «crier» leurs questions aux vedettes, nous entendîmes: «What is the part of your body you like the most*?»

*Traduction: Quelle partie de ton corps préfères-tu?

---

12. «Au-delà des stéréotypes», étude menée dans dix pays par Dove, 2005. Guide d'activités pour l'estime de soi, www.dove.ca/guide d'activités pour l'estime de soi, p. 2.

Nous avions tous envie de répondre «TOUTES» tellement la jeune femme était splendide. Mais la demoiselle se retourna, cherchant sans le trouver l'homme qui avait posé la question. Elle répondit alors avec une fierté évidente: «My heart*.» Nous étions tous bouche bée.

*Traduction: Mon cœur!

Réflexion: En passant par notre cerveau ou notre cœur, il est bien d'apprendre à s'aimer en entier et non seulement pour ce que les autres voient, comme nos cheveux ou notre taille. Que ce soit notre intelligence ou notre grande force d'aimer, nous faisons partie d'un tout et non seulement d'une enveloppe corporelle.

Ce qui regarde faux

Peut-être manifestes-tu le désir d'être plus féminine et de paraître plus âgée que tu ne l'es depuis ton entrée au secondaire? Apprendre à mettre ton visage plus en valeur avec une petite touche de maquillage peut aider à te sentir belle et à te rendre plus confiante.

Par contre, trop de maquillage et autres artifices peuvent cacher une insécurité. Se maquiller de façon exagérée et utiliser de faux ongles ou encore de faux cils peut parfois masquer la beauté naturelle. Il n'est pas rare de croiser une adolescente trop maquillée, alors que le résultat est loin d'être réussi! Tu souffres d'acné? C'est tout à fait normal, puisque tu es dans une phase de croissance. Pourquoi ne pas apprendre à bien nettoyer et traiter ta peau, plutôt que de masquer les boutons avec du fond de teint?

Naturelle ou pas ?

Heureusement, plusieurs adolescentes font le choix d'aller à l'école en restant naturelles. Est-ce ton cas ? Sinon, quelles sont les principales raisons pour lesquelles tu utilises souvent du maquillage ? Pour plaire aux autres ? Pour faire comme tes amies ? Pour te sentir en confiance ? Pour camoufler des imperfections ? Est-ce pour toi la meilleure façon de te sentir bien ?

La décision te revient et ce sera à toi de choisir si tu utilises ou non certains artifices. Sois critique et rappelle-toi que les compagnies de marketing savent qu'une décision d'achat est prise sous le coup de l'émotion et elles s'en servent pour te vendre le plus de produits possible. Nous t'invitons donc à faire des choix judicieux.

 Truc : Gâte-toi en offrant des soins à ton corps de temps à autre. Tu peux même en faire des rituels ! Bain moussant, application de vernis à ongles avec tes amies, massages professionnels, etc.

Belle au naturel

Pendant une semaine, nous te convions à relever le défi de rester au naturel; c'est-à-dire de ne pas utiliser d'artifices (maquillage, vernis à ongles, barrettes décoratives, etc.).

Pourquoi ne pas proposer à tes amies d'y participer avec toi?

Sauras-tu relever le défi pendant sept jours?

Défi relevé ☐ Fais un crochet lorsque tu auras relevé le sixième défi.

Hygiène physique

Il (ou elle) ne se lave pas

Une amie à moi n'avait pas de savon dans sa salle de bain; le linge propre passait des jours dans la sécheuse ou dans un panier par terre. J'ai même remarqué que le chien allait se coucher sur les vêtements propres.

Ton copain ou ton amie n'est pas porté sur la douche? Tu adores être en sa compagnie, mais son manque d'hygiène t'empêche d'avoir certains rapprochements physiques?

L'amour, c'est se laver chaque fois que le soleil nous dit bonjour et aussi quand il nous dit bonne nuit.

Je suis trop gênée pour lui dire !

As-tu déjà entendu ce genre de commentaires sans savoir ce que tu devais faire ? Est-ce à toi d'intervenir ? Même si ce n'est pas ta responsabilité, peut-être peux-tu diriger ton amie vers une intervenante de ton école ? N'attends pas que la nouvelle se propage.

Tu peux simplement lui offrir ton aide et tes conseils en te renseignant toi-même pour mieux l'aider.

Je ne sens pas bon

Tu te douches tous les matins, tu mets un bon déodorant pour les aisselles et, pourtant, tu trouves que ton odeur corporelle n'est pas invitante.

L'hygiène physique ne peut pas être réglée que par les lavages sous la douche, même si ceux-ci sont un très bon début. Il faut savoir que l'hygiène interne peut avoir ses odeurs ; cela peut être causé par une mauvaise digestion, par la prise de médicaments ou par autre chose. Il est recommandé de boire de l'eau, d'éviter l'ail et les épices fortes, et d'en parler à ton médecin.

Il est aussi possible que le savon de corps que tu utilises ne soit pas adapté à ton type de peau ou à ton groupe sanguin. N'utilise pas de savon pour le corps ou le bain avec des parfums et des déodorants. Certains types de peau nécessitent un soin différent. Nous te conseillons de faire des essais. Il est souvent possible de se procurer des échantillons ou d'acheter de petits formats, afin de pouvoir choisir ceux qui nous conviennent le mieux.

L'amour, c'est ne pas cacher l'essentiel, seulement le superficiel.

Le lavage des parties intimes

Les lavages insuffisants ou l'utilisation de savons parfumés peuvent causer chez certaines filles des infections vaginales et occasionner des odeurs désagréables. Si tu as des pertes vaginales anormales avec ou sans odeur, nous te suggérons de consulter un médecin. Il sera en mesure de poser un diagnostic et de te prescrire un médicament, s'il y a lieu.

Si tu as l'impression que tes menstruations dégagent de mauvaises odeurs, assure-toi que tu changes de serviette hygiénique environ toutes les deux heures, et si tu utilises un tampon, toutes les quatre heures.

Tu aimerais te sentir plus propre? Tu peux utiliser des serviettes humides jetables qui se vendent également en format de poche. Tu pourras t'en servir pour te laver, entre autres, lors de tes changements de serviette hygiénique et de tampon.

 Truc : Pourquoi ne pas garder à portée de main un «kit de survie» contenant un déodorant, des lingettes humides, des serviettes hygiéniques et une petite culotte?

Opération clean-up

Si tu veux être appréciée des autres et te sentir bien, prendre soin de ton hygiène personnelle s'avère un bon début. Peu de gens apprécient la présence de personnes qui sentent fort ou qui ont l'air malpropres. À l'âge où les sécrétions sont assez présentes, il faut t'assurer que, concernant ton odeur personnelle, tu maîtrises la situation.

Il y a tout de même certains gestes que l'on pose sans se soucier de leurs impacts sur nous-mêmes et sur notre environnement. Voici donc nos suggestions :

La douche du matin : durée, trois minutes, on fait vite le tour !

La douche du matin : une p'tite rapide (pas nécessaire, mais très souhaitable) !

Cette douche sert à retirer de ton visage les saletés de la nuit et aussi à t'assurer que tu ne sens pas la sueur ou l'odeur

Je prends ma douche le matin, juste quand je l'ai pas prise le soir avant d'me coucher.

J'haïs prendre ma douche le matin. Après, je gèle sur le coin de la rue en attendant l'autobus.

des sécrétions vaginales. On lave, entre autres, le visage, le dessous des bras, la vulve, les fesses et aussi les pieds. Garde une bouteille de ton savon à visage à portée de main et utilise un savon non parfumé pour le corps.

J'adore prendre ma douche le matin, surtout quand mon frère Alex a envie d'aller à la toilette ! Ça peut durer jusqu'à dix minutes !

L'antisudorifique matinal est primordial !

Il arrive que nous vivions du stress à l'école ou ailleurs. En ce sens, la sueur est une réaction normale à ce phénomène, une façon pour le corps d'équilibrer sa température. Il n'est pas suggéré d'appliquer un antisudorifique pour dormir, puisque ton

Ma sœur m'a dit de mettre un déodorant pour l'odeur et un antisudorifique pour la sueur. Je mets les deux !

Moi, Mélane me fait tellement suer que je mets de l'antisudo à cause d'elle !

corps a besoin d'évacuer la sueur. Laisser ton corps au naturel quelques heures ne ferait pas de tort. Le déodorant n'évite pas la sueur, il neutralise plutôt les mauvaises odeurs.

Je mets de l'antisudorifique, mais si je remets mon linge sale, je sens quand même le swing.

La douche du soir : un peu plus longue, mais pas trop !

Je prends ma douche avant de souper et je mange tous les soirs en pyjama !

Cette douche permet d'enlever toutes traces de sueur et les saletés accumulées au fil de la journée. Pour celles qui font de l'acné au dos, une brosse pour laver le dos est aussi souhaitable. Prends environ quatre minutes pour le corps, cinq minutes pour le rasage ou pour le lavage des cheveux. Tu peux arrêter l'eau pendant les émulsions (moussage ou temps d'attente); cela est très écologique et, surtout, logique.

Moi, j'suis écolo, ma douche ne dure jamais plus de cinq minutes.

Ma mère chiale après moi parce que j'fais mes jambes sous la douche.

Les cheveux : lavés au besoin, surtout quand ils en ont bien besoin !

Je lave mes cheveux tous les quatre jours, mais des fois, il faut que je les lave plus souvent !

Ton alimentation, ton cycle menstruel, la pollution et le stress ont un effet sur tes cheveux. Nous sommes toutes différentes ; il faut donc adapter tes lavages à tes besoins plutôt qu'au nombre de jours. Évite les shampoings « deux en un » et privilégie un shampoing régulier (sans glycérine) afin d'éviter d'avoir les cheveux gras ou lourds. Nous te suggérons de faire deux shampoings et d'utiliser une fois l'après-shampoing, et de bien rincer. Si tu mets un produit démêlant ou lissant, renseigne-toi à savoir si c'est quand même préférable de prendre du revitalisant avant de l'appliquer.

Les dents : pour un sourire radieux, au moins deux fois par jour !

Les dents devraient être brossées minimalement avant le dodo et le matin, avant le départ pour l'école. Si tu as des broches (ou un appareil dentaire), nous te suggérons de porter une attention particulière à ton hygiène buccale. Non seulement une bouche propre favorise la santé de tes dents et de tes gencives,

Le matin, la pâte à dents me donne mal au cœur.

mais tu auras une meilleure haleine. Ce sera ainsi beaucoup plus tentant pour les autres d'aller vers toi. N'oublie pas qu'il y a des dentifrices de différentes saveurs ; prends le temps de trouver la tienne.

Quels sont tes modèles de beauté?

Quels modèles choisis-tu de suivre?

Heureusement, la majorité des adolescentes sont critiques à l'endroit des modèles proposés par les divers médias (télévision, Internet, revues, vidéoclips, etc.). Elles sont conscientes que ceux-ci peuvent influencer diverses sphères de leur vie[13].

– Crois-tu que certaines adolescentes s'habillent de façon sexy dans le but d'être aimées?

– Toi, t'habilles-tu de cette façon? Si oui, quelle est ton intention (ton but)?

– Crois-tu que les parents ont raison de s'inquiéter de certains choix faits par leur adolescente?

Comme nous le savons, l'influence des médias fait partie de ton quotidien. Les images véhiculées par certains d'entre eux et l'hypersexualisation omniprésente sont souvent associées à des pratiques sexuelles uniquement axées sur le plaisir physique et ne tiennent pas compte des émotions.

---

13. RONDEAU, Lorraine, et autres. Les relations amoureuses des jeunes: Écouter pour mieux accompagner, 2008, [En ligne]. [www.santepub-mtl.qc.ca/Publication/PDFjeunesse/relationsamoureuses.pdf] (page consultée le 8 juillet 2013)

Les modèles qui t'entourent

Trouves-tu qu'une enseignante ou même ta mère s'habillent de façon trop sexy pour aller travailler? Quel sentiment éprouves-tu quand tu les vois?

— Premièrement, n'oublie pas qu'elles sont des adultes.

— Deuxièmement, crois-tu que c'est vraiment nécessaire pour elles de faire ce choix?

— Troisièmement, est-ce l'exemple que tu veux suivre?

Sache que ce n'est pas parce qu'une personne s'habille de manière plus explicite ou sensuelle qu'elle a une vie sexuelle active. Par contre, le message que les gens peuvent percevoir est peut-être différent de celui qu'elle désire transmettre. Ne crois-tu pas que le message envoyé pourrait donner l'impression d'une permissivité sexuelle?

Mon amour, mon prince

Quel genre de prince cherches-tu ?

Cherches-tu à avoir LE mec que toutes les autres désirent ? Est-ce que de fréquenter le gars le plus populaire de ton école te rendra aussi populaire ? Peut-être, mais s'il te quitte, qu'arrivera-t-il de ta pseudo-popularité ou de ton estime personnelle ?

Il est normal de vouloir mettre la personne qu'on aime sur un piédestal. De plus, il n'est pas négatif de vouloir fréquenter un gars super populaire ou très beau, mais est-ce que pour y arriver, tu seras fidèle à tes valeurs ? Est-ce que tu devras changer tes priorités, oublier tes amis, faire des choses que tu ne pensais pas faire ?

J'aime les vedettes de la télé. J'adore Harry Styles, Zac Efron et Taylor Lautner. Je capooooote ! Ils sont beaux et tellement parfaits !

Il y a de très belles personnes qui peuvent présenter des valeurs semblables aux tiennes. Cela vaut la peine d'aller voir. Prends simplement le soin de ne pas te blesser et rappelle-toi l'équilibre de ton anis étoilé.

**L'amour, c'est choisir un prince
qui n'est pas assez fou pour te demander
de le traiter comme un roi.**

Quel genre de prince tes parents souhaitent-ils pour toi ?

Peut-être tes parents n'ont-ils pas les mêmes goûts et les mêmes Valeurs Primordiales **(VP)** que toi concernant le choix de ton amoureux. C'est tout à fait normal, puisque les goûts diffèrent d'une personne à l'autre et de génération en génération. Si une amie à toi sortait avec un gars que tu n'aimes pas, tu essaierais toi aussi de la protéger. Peut-être de façon malhabile, mais tu sentirais le besoin de le faire.

Un peu comme avec ton amie, l'ouverture face à l'incompréhension et aux attentes de tes parents fera toute la différence. Sois bien patiente ! Si vous n'êtes pas sur la même longueur d'onde, vous finirez probablement par vous rejoindre. N'essaie pas de te cacher ou de leur imposer tes choix. N'hésite pas à leur nommer les qualités de ton amoureux, celles qui t'ont fait craquer. Laisse une chance à tes parents de découvrir et de connaître les qualités de ton amoureux et lui, celles de tes parents.

1. Faites de courtes visites chez tes parents (préférez les marches, les rencontres au parc, etc.).

2. Le repas familial n'est pas recommandé au début (à moins d'une invitation des parents).

3. Agissez avec politesse en respectant les règles de la maison lorsque vous y êtes.

4. Assure-toi de faire preuve de ponctualité quand tu sors avec ton nouvel amoureux.

Inviter ton chum à dormir chez tes parents?

Avant d'en arriver à inviter ton amoureux à dormir chez toi, il y aura de grandes étapes à franchir. Les autres personnes qui habitent avec toi seront-elles à l'aise? Ton amoureux sera-t-il prêt à faire face à ta mère dans sa vieille robe de chambre et ses pantoufles en ratine?

 Réflexion: Pour arriver à cette étape, il est préférable que tous soient à l'aise et aient développé une certaine relation (amicale ou pseudo-familiale).

Plusieurs adolescentes nous ont mentionné qu'elles trouvaient difficile de respecter certaines règles établies par les parents à ce sujet (dormir ensemble seulement la fin de semaine, dormir dans des lits séparés ou la porte ouverte, etc.). Plus les règles seront respectées, plus les parents risquent plus tard de les assouplir, parce que tu auras gagné leur confiance.

> En pleine nuit, je suis arrivé face à face avec mon beau-père en «boxeur», devant la porte de la salle de bain. Les deux, on ne savait plus où regarder.

L'amour, c'est attendre le bon moment avant de faire sentir aux autres ton haleine du matin.

Ce prince que tu voudrais charmant !

Est-ce que ton roman d'amour se déroule selon tes désirs ou es-tu insatisfaite des agissements de ton petit ami ? Crier ou exploser de rage ne t'avancera à rien et risquera de provoquer une escalade de propos violents. Réfléchir et, surtout, agir avec délicatesse et intelligence, voilà la solution !

1. **Ton prince te considère-t-il comme une «bonne amie» ou une «amoureuse»?**

   Si vous êtes en relation sérieuse, il comprendra qu'il doit avoir un comportement différent avec toi qu'avec ses autres amies, du moins dans l'intimité.

   Il faut toujours une petite conversation sur notre «statut».

2. **Tu aimerais qu'il t'appelle ou te texte plusieurs fois par jour?**

   Peut-être as-tu l'impression que les gars ne sont pas portés sur le téléphone. Que beaucoup préfèrent faire du sport, jouer à des jeux vidéo ou simplement «vedger» devant la télé.

   J'ai mis une sonnerie sur mon cellulaire pour penser d'appeler ma blonde. Je n'oublie plus de l'appeler.

   Tu aurais envie qu'il te parle de ses sentiments plutôt que des résultats sportifs de la veille? Que dirais-tu de te mettre au diapason de ses goûts en t'intéressant un peu plus à ce qu'il fait et à ce qu'il aime? Exprime-lui clairement tes attentes, tout en respectant les siennes. Vous aurez tous les deux à faire des compromis.

   Mon copain rit toujours de moi, car quand il me fait un compliment, je deviens rouge comme une tomate.

3. Tu aimerais qu'il te dise que tu es belle?

Un garçon qui prend son courage à deux mains et qui te dit: «Tu es belle» mérite mieux qu'une réponse du genre: «Moi, je me trouve poche» ou «Ouin, c'est ça» (avec sarcasme).

Si tu as osé répondre une phrase du genre, tu as saboté son entrée en matière, et il y a des chances que tu attendes longtemps avant d'entendre un autre compliment. Un simple merci aurait suffi.

Un prince au mauvais comportement?

Tu es certaine qu'il t'aime assez et qu'il va finir par changer et te respecter? Tu sais, les mots peuvent

> T'es pas la seule! On voit des brutes à la télé ou dans les films. Les filles qui sont avec eux se laissent faire, même s'ils intimident plusieurs autres personnes.

> Mon chum me traite de conne, il me crie après, mais je l'aime quand même.

blesser tout autant qu'un coup de poing et ternir ton estime de toi. Pour peu, tu finiras par croire tout ce qu'il te dit. La violence verbale n'est pas plus acceptable que la violence physique.

Ce n'est pas sain de vouloir «transformer» une autre personne. C'est à elle de devenir responsable et d'aller chercher de l'aide. Ce n'est surtout pas ton rôle. As-tu déjà pensé à choisir une personne qui utilise des mots d'amour pour te couvrir de respect plutôt que le contraire?

> Tu sais, j'vais réussir à le changer à force de l'aimer.

Puise dans tes **V**aleurs **P**rimordiales **(VP)** pour constater que vous n'avez peut-être pas les mêmes valeurs, ton copain et toi.

 Truc : Pose-toi la question suivante : Suis-je vraiment en amour avec lui ou seulement amoureuse de l'image que je m'étais faite de lui ?

Ton prince est-il loin d'être charmant ?

T'arrive-t-il plus souvent d'être la victime dans des situations de violence ? Si oui, ça ne doit pas être facile pour toi de comprendre exactement ce qui se passe, n'est-ce pas ? Tu dois te sentir impuissante et sans ressource.

Sache qu'il est essentiel que l'agresseur trouve un autre moyen d'expression que la violence, qu'elle soit verbale, physique, psychologique, économique ou sexuelle.

Pour la victime, il est également essentiel de s'exprimer et de s'interroger sur ses attentes dans cette relation. Rassure-toi en pensant à ton tatouage intérieur ; il te permettra de ne pas oublier que tu es importante, assez pour qu'on te respecte.

L'amour, c'est quand le prince sait qu'il a perdu sa couronne et qu'il quitte le royaume avant qu'on ne le jette au cachot.

Des questions dont tu connais peut-être les réponses

L'amour est à la base de toute relation, mais une relation, avant qu'elle ne soit intime, doit reposer sur le respect de part et d'autre. Voilà pourquoi il est judicieux de te poser les bonnes questions.

En voici quelques-unes[14] :

1. Est-ce que je me sens en sécurité avec cette personne?
2. Suis-je respectée autant en groupe que lorsque nous sommes seuls?
3. Ai-je l'impression de ne jamais en faire assez pour satisfaire les exigences de l'être aimé?
4. Est-ce que je me sens souvent ignorée?
5. Est-ce que je me sens dévalorisée dans mon couple?
6. Ai-je peur d'être menacée ou blessée?
7. Suis-je obligée de faire un compte rendu de ce que je fais et de qui je vois?

Si tu as répondu oui à une ou plusieurs de ces questions, nous te suggérons de penser à tes **V**aleurs **P**rimordiales **(VP)** et même à ton tatouage intérieur. Est-ce que la façon dont la personne que tu aimes agit avec toi est en accord avec tes besoins naturels de sécurité, d'appartenance et d'estime? Il serait pertinent d'en parler avec un éducateur de ton école ou avec un autre adulte en qui tu as confiance pour t'aider à y voir plus clair. Souvent, les gens qui sont près de nous perçoivent des choses que l'on ne voit pas nous-mêmes.

---

14. Inspiré de : Santé et services sociaux du Québec. *Comment te sens-tu dans ta relation amoureuse ?*, 2005, [En ligne]. [www.aimersansviolence.com/fr/tonCouple/questions. asp] (page consultée le 20 août 2013)

Histoire d'Océane

Océane : « Il n'a pas la même attitude avec moi lorsque ses amis sont là ! »

Océane, 12 ans, sort avec Patrick, qui a le même âge. Celui-ci a eu plusieurs blondes, alors que c'est loin d'être le cas pour Océane. Il est reconnu pour être l'un des plus beaux gars de l'école et il est réellement attentionné et généreux avec elle. Même les parents d'Océane l'adorent.

Les amoureux échangent des objets en gage de leur amour et passent beaucoup de temps ensemble, particulièrement durant les pauses lorsqu'ils sont à l'école. Ça fait déjà deux mois que ça dure, et ils sont reconnus comme étant l'un des plus beaux couples de l'école.

Néanmoins, Océane confie un jour à sa mère qu'elle ne se sent pas toujours bien aux côtés de Patrick, particulièrement lorsqu'ils sont en gang ! En effet, lorsqu'ils sont seuls, Océane reçoit beaucoup de compliments de la part de Patrick et se sent heureuse. Par contre, lorsqu'il est avec sa gang d'amis, c'est comme s'il devenait une autre personne. Il rit d'elle, fait des blagues qui la blessent et dit des commentaires déplacés.

Océane discute avec sa mère, et celle-ci comprend que la relation qu'entretient sa fille est malsaine et que son estime de soi diminue de jour en jour. Elle décide donc de discuter avec Océane de sa vision des relations amoureuses en général. Elles dessinent ensemble un tableau sur une feuille, et Océane y écrit sa vision d'une relation saine d'un côté, et de l'autre, sa vision d'une relation malsaine. C'est ainsi qu'elle constate qu'elle ne vit pas le genre de relation qu'elle recherche. Malgré cela, elle se sent incapable de laisser Patrick, elle a peur de perdre son statut. Après tout, c'est le garçon le plus populaire de l'école !

Combien de filles rêvent en secret d'être populaires, de se sentir importantes auprès des autres, particulièrement auprès des garçons? Le temps passe, et Océane observe sa relation évoluer avec Patrick. Rien ne s'améliore. Elle prend ses distances, alors que lui semble commencer à s'intéresser à d'autres filles. Finalement, ils se laissent d'un commun accord.

Océane: « Je réalise que les suggestions de ma mère peuvent m'aider et qu'il est important que je m'affirme en disant à mon copain ce que je n'aime pas. Je comprends aussi que ce n'était pas un gars pour moi, parce que même s'il était gentil quand nous étions seuls, il se transformait en quelqu'un d'autre devant sa gang. »

Question réflexion: Selon toi, Océane aurait-elle pu nommer ses insatisfactions à Patrick lorsqu'il la ridiculisait? Et comment aurait-elle pu le faire? Comment réagirais-tu si ton copain te ridiculisait devant ses amis?

Piste: Quand tu es dans une relation amoureuse et que ta petite voix interne te dit que ça ne va pas, écoute-la et fais-lui confiance!

Es-tu une princesse se changeant en sorcière?

La princesse en toi se change-t-elle parfois en sorcière dans sa façon de parler ou d'agir avec les autres? Tu te dis probablement que tu n'as pas un comportement violent, puisque tu n'as jamais levé la main sur la personne que tu aimes. C'est possible! Rappelle-toi toutefois qu'il y a d'autres formes de violence et qu'elles sont toutes inacceptables.

Pour avoir de l'amour, il est essentiel que tu utilises toi-même le langage amoureux et que tu collabores à l'écriture de cette belle histoire que sera la vôtre. Voici quelques questions qui sauront t'aider à déterminer si la princesse en toi se change parfois en méchante sorcière. Si tel est le cas et que tu réponds oui à certaines des questions suivantes, rappelle-toi que ce n'est pas de l'amour et demande-toi si ces façons d'agir concordent avec tes Valeurs Primordiales **(VP)**. S'il t'arrive d'utiliser des moyens pour dominer une personne afin qu'elle se sente inférieure à toi, n'hésite pas à en parler et à demander de l'aide. Tu n'en seras que plus fière de toi.

1. Mes comportements font-ils en sorte que l'autre se sent en sécurité?

2. Est-ce que je respecte la personne, et ce, même lorsque nous sommes entre amis?

3. Suis-je une personne prête à exploser à tout moment?

4. Ai-je tendance à ignorer l'autre quand nous sommes en public?

5. Est-ce que je rabaisse et ridiculise la personne que j'aime?

6. Est-ce qu'il m'arrive de menacer ou de blesser cette personne?

7. Est-ce que je lui demande de me faire un compte rendu des personnes rencontrées et des actions faites durant la journée?

Mon amour, ma princesse

Si ton prince était une princesse ?

T'arrive-t-il parfois d'avoir des doutes sur ton orientation sexuelle ? Il arrive qu'à l'adolescence, tu te sentes tout à coup très bien en présence d'une personne du même sexe que toi. Peut-être aimes-tu tout d'elle, son odeur, sa beauté, ce qu'elle dit ou fait. Cela ne veut pas dire que tu es lesbienne pour autant, comme ça peut très bien être des signes t'indiquant que tu es attirée par une fille. D'ailleurs, une splendide amitié avec une fille peut t'apporter autant de bien-faits qu'une relation amoureuse. Peu importe le type de relation, qu'elle soit avec un garçon ou une fille, amoureuse ou amicale, elle peut t'apporter beaucoup de bonheur.

Tu as des sentiments amoureux pour une fille ? Est-ce que cette personne du même sexe que toi semble avoir les mêmes sentiments envers toi ? Plusieurs filles à l'adolescence rêvent qu'elles ont des contacts intimes avec une ou d'autres filles. Elles se posent des questions sur leur orientation sexuelle ou ressentent seulement le besoin d'expérimenter.

> C'est flou dans ma tête. Comment ça se fait que mon regard se pose toujours sur cette fille ? Je sens quelque chose de plus fort qu'avec mes autres amies. Je ne sais plus trop où j'en suis.

Ces expériences ne détermineront pas nécessairement leur orientation sexuelle.

Le savais-tu ? Certaines adolescentes ont déjà eu des contacts à caractère sexuel avec une autre fille, sans pour autant se définir comme lesbiennes.

J'aime l'amour, car l'amour n'a pas de sexe

L'adolescence est une période de recherche d'identité et de questionnements sur soi, sur ses valeurs et sur ses attirances. On utilise le terme «lesbienne» quand il s'agit d'une fille qui est principalement ou totalement attirée vers les filles, tandis qu'on utilise le terme «gai» lorsqu'il s'agit d'attirance entre garçons.

Est-il vrai qu'il y a des personnes qui sont attirées autant par les gars que par les filles ?

Oui, il est exact de dire que certaines filles se disent autant attirées par les gars que par les filles. Le terme employé pour désigner cette orientation sexuelle est «bisexuel» pour les garçons et «bisexuelle» dans le cas des filles. Toutefois, l'important n'est pas d'apposer des étiquettes sur les gens et leur type de relation. L'orientation sexuelle est personnelle à chacun et il est donc préférable de laisser à chaque personne le soin de la définir comme elle le souhaite.

Moi, je suis attirée autant par les filles que par les gars. En fait, je «tombe» amoureuse d'une personne, peu importe son sexe.

Le savais-tu ? C'est environ de 4 à 8 % des filles qui découvriront qu'elles sont homosexuelles[15].

Ce doit être plus facile avec une fille !

Ça peut paraître plus facile d'être en relation avec une fille parce qu'elle te ressemble physiquement. Pourtant, ta relation sera sensiblement la même qu'avec un garçon.

Te poser des questions et faire quelques essais te permettra d'en connaître plus sur tes attirances. L'expérience peut te permettre, dans certains cas, de confirmer certains choix, si tu ressens de l'ambivalence. Toutefois, c'est un mythe (une fausse croyance) de penser qu'il est nécessaire d'expérimenter pour savoir.

Les filles sont souvent très proches les unes des autres à l'adolescence. Elles vont dormir l'une chez l'autre, se prêtent des vêtements, se font des manucures... Bref, elles développent une relation dans certains cas très intime. Cette grande amitié peut parfois être confondue avec de l'attirance sexuelle.

> Moi, je l'ai su tout de suite ! J'avais des papillons dans le ventre, je pensais tout le temps à elle et j'avais le goût de l'embrasser.

**L'amour n'a pas de sexe ni de couleur,
sa seule identité est le bonheur.**

---

15 Ministère de la Santé et des Services sociaux. *Pour une nouvelle vision de l'homosexualité (Guide du participant)*, août 2011, p. 28.

Vis-tu de la pression sociale ?

Dans certains événements sociaux tels que les partys, on propose à l'occasion que deux personnes du même sexe effectuent des gestes tels que s'embrasser, se toucher ou danser lascivement (collées).

Moi, y m'ont forcée à embrasser Karine et j'ai pas aimé ça.

N'oublie pas que la personne qui regarde d'autres personnes faire des expériences peut se faire sa propre idée et porter un jugement sur ce qu'elle voit. Tu ne voudrais pas sortir de là avec une étiquette dont tu ne saurais facilement te défaire !

Si tu veux tenter des expériences, fais-le dans un contexte d'intimité. Se voir forcée par les autres est un manque de respect de leur part et peut devenir du harcèlement ou de l'abus sexuel. Si tu le fais, c'est à toi que tu manques de respect.

Y paraît que pour savoir si on préfère les gars, il faut essayer avec une fille.

Pose-toi les deux questions suivantes : pourquoi et pour qui ?

Pourquoi le ferais-tu ? Est-ce parce que tu en as envie ?

Pour qui le ferais-tu ? Pour toi ou pour ne pas décevoir les autres ?

 Truc : Va faire un tour aux toilettes ou dehors pour réfléchir à ce qu'on te demande.

Tu te définis comme lesbienne

Tu te sens vraiment attirée par une fille et tu penses que tu en es amoureuse ? Tu sais, tu n'es pas la seule dans cette situation. Plus tu accepteras ton orientation sexuelle, quelle qu'elle soit, plus ce sera facile pour ton entourage de le faire ensuite.

S'accepter soi-même est une chose importante, mais essayer de se faire accepter par les autres en est une autre. Lorsque tu en parleras aux gens qui t'aiment et t'entourent, il serait préférable d'être sans équivoque et persuasive. N'hésite pas à consulter la liste des organismes à la fin du livre, si tu désires de l'écoute, du soutien et des conseils.

L'amour, c'est quand la main de l'autre est aussi douce que la nôtre.

Peur de la réaction de ton entourage ?

Laisse le temps aux personnes qui t'entourent de se faire à l'idée que tu te définis comme lesbienne. Il t'a fallu un certain temps pour t'accepter. Il se peut fort bien qu'il en soit de même pour elles, sans qu'elles cessent de t'aimer telle que tu es.

Certains parents seront en réaction plutôt que d'être dans l'écoute. Des sentiments de tristesse, de culpabilité et d'inquiétude pourront, entre autres, être présents. Lorsque les professionnels, telle qu'Annie Germain, rencontrent des clients, ils constatent que les parents s'inquiètent bien plus souvent des conséquences pouvant découler des propos homophobes dont pourrait être victime leur enfant que de l'orientation sexuelle proprement dite.

Il est parfois préférable d'attendre afin de ne pas soulever une ambiguïté avec laquelle tu devras vivre longtemps. C'est probablement pour cette raison que la plupart des gens qui vivent des choses différentes des autres attendent pour les partager. Vas-y, et sois prête à vivre avec les réactions et les limites des gens qui voudraient ce qu'il y a de mieux pour toi, tout en respectant ton rythme. En cernant ceux qui sont plus ouverts, tu te feras d'abord des alliés et il te sera ensuite plus facile d'en parler aux autres.

J'ai toujours eu peur que mes parents me rejettent et, pourtant, quand ils ont su, ça nous a rapprochés.

L'homophobie et les préjugés existent aussi pour les filles

Pas évident d'approcher une fille alors que tu en es une? Tu te dis peut-être qu'elle va rire de toi, te repousser, le crier sur tous les toits ou qu'elle ne voudra plus t'adresser la parole.

Prends le temps d'être certaine de ce que tu ressens avant de t'ouvrir aux autres, surtout à l'école et sur les réseaux sociaux. Les stéréotypes sont nombreux et l'incompréhension des autres peut devenir une tragédie.

C'est déjà pas facile d'approcher un gars, imagine quand c'est une fille.

Par contre, si tu as besoin de discuter, dirige-toi vers un intervenant, un organisme ou des amis en qui tu as confiance et qui sauront te soutenir et te guider. Nous t'invitons à consulter la liste des ressources pertinentes à la fin du livre.

Le savais-tu? Certains adolescents emploient des propos homophobes à l'égard de certaines personnes pour cacher leur propre homosexualité.

Truc : Il arrive que de parler à la troisième personne puisse faire s'ouvrir un individu. Par exemple, tu pourrais dire à ton amie : « Elles sont lesbiennes, je me demande comment c'est... » Elle pourrait te surprendre et répondre tout bonnement : « Ça doit être merveilleux ! »

Je vis de l'homophobie

Dès ta naissance, tu avais une grande valeur. Garde en tête qu'elle est inestimable et inconditionnelle ; ce qui signifie que même si tu entends des propos blessants liés à ton orientation sexuelle, tu as et tu auras toujours une grande valeur.

Même si parfois des adolescents utilisent des propos homophobes sans comprendre l'ampleur de ce qu'ils disent, n'accepte pas que quelqu'un te manque de respect. Continue à montrer qui tu es : une personne exceptionnelle. Nous sommes toutes différentes à notre façon et c'est très bien ainsi. Tu n'as pas à être la cible de propos blessants. Après tout, qui sait, peut-être est-ce toi qui trouveras le remède contre le cancer ou qui deviendras la patronne de ceux et celles qui t'ont repoussée ? Ces derniers n'auront qu'à bien se tenir !

Truc : Apprends à connaître la vie d'auteures, de comédiennes et de femmes d'affaires qui sont, elles aussi, des personnes de grande valeur, tout en étant homosexuelles. Elles sauront t'inspirer.

> **L'amour, c'est ne pas utiliser sa langue pour piquer, mais plutôt pour embrasser.**

Je peux être heureuse

Bien sûr que c'est possible d'être heureuse tout en n'étant pas hétérosexuelle ! Tu as les mêmes capacités que les hétéros : donner et recevoir de l'amour et de la tendresse, te respecter, t'affirmer et exiger qu'on te respecte telle que tu es, ressentir du désir et avoir du plaisir, échanger des caresses…

Est-ce possible d'être heureuse quand on est « aux filles » ?

Tu es en couple, votre relation évolue et vous vous sentez prêtes, toutes les deux, à aller plus loin ? Assurez-vous d'être protégées autant sur le plan émotionnel que physique. Vous n'êtes aucunement à l'abri d'une ITSS[16] parce que vous êtes entre filles.

---

16. ITSS : Infection transmissible sexuellement et par le sang. Tu trouveras une description plus complète au chapitre 25.

Mon prince est-il un adulte ?

Un adulte te fait rêver ?

Tu craques pour ton enseignant de sciences, pour un auteur connu, pour le livreur de pizza ? Attention, cela n'est peut-être pas de l'amour, mais de l'admiration ou un besoin de protection que tu souhaiterais combler.

Les gars de ton âge t'ont peut-être déçue, peut-être que certains te semblent immatures ? T'es-tu déjà posé la question suivante : en quoi un adulte pourrait-il s'intéresser à une adolescente ?

On peut essayer de trouver maintes raisons, mais c'est tout de même inquiétant, voire malsain, surtout lorsque la différence d'âge est grande. L'adulte qui accepte de développer une relation amoureuse avec une ado sait très bien que cette dernière n'a pas la maturité émotionnelle pour se protéger contre son influence. Il sera vu comme le seul responsable en cas de problème ou de situation ambiguë. Ne sois pas étonnée s'il te repousse ; ce sera une façon pour lui de vous éviter, à tous les deux, bien des problèmes.

Ce qu'en dit la loi au Canada[17]

Tu as moins de 12 ans

Le Code criminel (selon le Projet de loi C-22 : Loi modifiant le Code criminel) interdit toute activité sexuelle pour les enfants de moins de 12 ans, puisqu'ils sont jugés incapables de consentir à ce type de relation, et ce, peu importe l'âge du ou de la partenaire.

Tu as 12 ou 13 ans

Si tu es âgée de 12 ou 13 ans, il est possible de consentir à des activités sexuelles avec une personne ayant au maximum deux ans de plus que toi, donc pas plus de 14 ans si tu en as 12, et pas plus de 15 ans si tu en as 13.

Tu as 14 ou 15 ans

Si tu es âgée de 14 ou 15 ans, tu peux avoir des relations sexuelles, si tu le désires, avec une personne qui a cinq ans et moins de plus que toi ou deux ans de moins que toi. Par exemple, une fille de 15 ans serait jugée inapte à consentir à une relation sexuelle avec un homme de 21 ans, alors qu'elle pourrait donner son consentement à un homme de 20 ans (sauf si la personne que l'adolescente fréquente est en situation d'autorité ou de confiance).

Tu as 16 ans et plus

Le Code criminel a fixé l'âge du consentement sexuel à 16 ans (sauf si la personne que l'adolescente fréquente est dans une situation d'autorité ou de confiance). Cela signifie que les adolescentes âgées de 16 ans et plus peuvent consentir à des relations avec des adultes, sans égard pour l'âge de ceux-ci.

Toutefois, dans le cas où il y a un grand écart d'âge, il serait compréhensible de s'interroger sur les intentions de l'adulte qui fré-

17. Canada. Parlement du Canada. Projet de loi C-22 : Loi modifiant le Code criminel, 2007, [En ligne]. [www.parl.gc.ca/About/Parliament/LegislativeSummaries/bills_ls.asp?ls=c22&parl=39&ses=1&Language=F] (page consultée le 20 septembre 2013)

quente une adolescente et de s'inquiéter du fait qu'il serait plus facile pour lui d'exercer un contrôle sur elle. En cas du non-respect de la loi, une plainte de la part des parents de l'adolescente pourrait être déposée.

Dans une situation d'autorité

Par contre, peu importe l'âge, le Code criminel interdit tout geste à connotation sexuelle lorsqu'une des deux personnes est en situation d'autorité ou de confiance par rapport à l'autre. Par exemple, il serait interdit à un entraîneur de 19 ans d'avoir des rapports sexuels avec une de ses élèves de 15 ans, et ce, même s'ils ont un écart de quatre ans, puisque cet individu est en situation d'autorité par rapport à elle.

Qu'est-ce que le consentement ?

Comment je fais pour savoir si je peux ou si l'autre est d'accord ?

Toute activité sexuelle devrait être librement consentie par les deux personnes. Consentir, c'est accepter de laisser l'autre entrer dans notre intimité, d'où l'importance de respecter ses **V**aleurs **P**rimordiales **(VP)** et d'affirmer ses propres limites de façon claire et précise afin d'éviter toute ambiguïté.

Le consentement ne peut être donné par une personne intoxiquée (alcool ou drogues), inconsciente ou autrement considérée comme étant incapable de le faire. Par ailleurs, on ne peut considérer que le consentement a été donné librement si la personne est sous la menace. Dès que l'activité sexuelle est entreprise, si la personne qui était consentante change d'idée, elle peut le communiquer de façon verbale ou même physique. Son changement d'avis devra être accepté par l'autre personne[18]. Après un refus catégorique, cela devient un abus sans condition.

Histoire de Joëlle

Aimer un adulte ?

Quand on a 15 ans et que l'on se sent seule et rejetée par les autres, il peut arriver de ne plus savoir d'où et comment recevoir de l'attention. Ça a été le cas de Joëlle, qui passait beaucoup de temps à jaser et à confier ses états d'âme à un enseignant dans la vingtaine. Un jour, elle n'a plus été en mesure de garder ça pour elle et elle lui a avoué ses sentiments : « Je sais que tu as une femme, lui a-t-elle dit, mais je suis amoureuse de toi. Je pense à toi et j'ai constamment le goût d'être avec toi. »

Il lui a alors expliqué qu'il n'était pas amoureux d'elle et qu'une personne en position d'autorité n'a pas le droit de développer une relation amoureuse avec une personne mineure. Heureusement, quelques mois plus tard, Joëlle a compris qu'elle était amoureuse de lui parce qu'elle se sentait importante en sa compagnie. Il prenait le temps de la regarder lorsqu'il lui parlait et ça lui faisait tellement de bien. C'est comme si elle sentait enfin qu'elle existait pour quelqu'un ; elle se sentait vivante depuis qu'elle passait des moments avec lui.

Un an plus tard, elle se dit qu'il lui a appris à se respecter. Il lui sert maintenant de modèle et elle pense souvent à lui lorsqu'elle s'affirme avec les garçons. Elle sait maintenant qu'elle peut être appréciée pour qui elle est, car elle est amoureuse d'un gars de son âge, qui s'intéresse à elle.

---

18. La société des obstétriciens et gynécologues du Canada, Masexualite.ca, 2012, [En ligne]. [www.masexualite.ca/sante-sexuelle/la-sexualite-et-la-loi] (page consultée le 22 septembre 2013)

Joëlle : « Heureusement que je connais maintenant la loi et que j'ai appris à ne pas avoir de fausses attentes. Finalement, j'suis contente que mon enseignant ait été clair et direct avec moi.

Je suis fière de ne pas avoir insisté auprès de mon enseignant. Je me suis imaginé être à sa place et ça m'a aidée à le comprendre. De toute façon, cette relation aurait été malsaine pour moi. »

Question réflexion : Que ferais-tu si tu savais qu'une amie est amoureuse d'un adulte ?

Piste : Avant d'amorcer une relation, pose-toi la question : « Cette relation est-elle saine pour nous deux ? »

Les abus sexuels

Un abus est un abus

Quel sujet tragique et sensible pour nous tous! Nous aurions aimé ne pas avoir à t'en parler, mais il est inévitable. Puisque ce livre a pour but de t'aider à prendre le contrôle de ta vie, nous t'invitons à mettre tout en place pour éviter de vivre ou de revivre des événements qui finiront par te faire souffrir.

L'abus sexuel est un contact ou une interaction (visuelle, verbale ou psychologique) à caractère sexuel par lequel une personne se sert d'un individu, sans son consentement, en vue d'une stimulation sexuelle, la sienne, ou celle d'autres personnes. Ces agresseurs ont très probablement besoin d'aide et de soins. Un abus sexuel, ce n'est surtout pas de l'amour, que ce soit de la part d'un adulte, d'un adolescent, d'un ami ou même de ton chum ou de ta blonde.

Le savais-tu? Les deux tiers des victimes d'agression sexuelle sont d'âge mineur[19].

---

19. Gouvernement du Québec. Les orientations gouvernementales en matière d'agression sexuelle, 2001, www.mfa.gouv.qc.ca/fr/publication/Documents/CF_orientations_agression_sexuelle.pdf] (page consultée le 15 octobre 2013)

Ces ados qui abusent

Même lors d'une relation sexuelle consentante, il n'est jamais trop tard pour préciser ce que tu aimerais et comment tu aimerais que ça se déroule. Tes besoins peuvent être différents de ceux de ton partenaire et celui-ci se doit de les respecter, et ce, peu importe si tu changes d'idée en cours de route. Si celui-ci te force ou te menace, c'est une agression sexuelle, même si c'est ton chum. Ce n'est pas parce que vous êtes en couple qu'il a tous les droits sur toi!

L'amour qu'une personne peut sembler te porter ne doit pas t'inciter à avoir des relations non désirées, qui risqueraient de te marquer. Dans le cas où tu as déjà vécu de l'abus, ne reste pas seule avec cette expérience. Certes, des gens qui t'aiment auront peut-être du mal à accepter cette nouvelle, mais rappelle-toi qu'il y a une foule d'organismes et de gens qui sauront t'aider. Nous t'en avons suggéré quelques-uns à la fin de ce livre. Rompre le silence est une façon de reprendre le contrôle de sa vie et permet d'atténuer les effets dévastateurs d'une agression.

Le savais-tu? Dans 80 % des cas, la victime connaît son agresseur[20].

Ma sœur a sonné l'alarme et ça m'a pris du temps à réagir, mais j'ai finalement compris qu'il abusait de moi.

---

20. Gouvernement du Québec. Les orientations gouvernementales en matière d'agression sexuelle, 2001, www.mfa.gouv.qc.ca/fr/publication/Documents/CF_orientations_ agression_sexuelle.pdf] (page consultée le 15 octobre 2013)

Les premières fois

Les fameuses premières fois !

Il y a de nombreuses *premières fois* dans la vie d'une personne ! Pense au premier *slow*, au premier baiser, aux premières caresses des seins, des fesses, au fait de se dévêtir devant l'autre, etc. Chaque personne vivra ses expériences à un rythme et à un moment différents.

Il est normal de vivre plusieurs premières expériences à caractère sexuel à l'adolescence. Qui n'a pas rêvé d'une première caresse de la part de l'être aimé ou tout simplement d'un effleurement ? Toi, tu rêves de ta première fois ? Peut-être en as-tu vécu quelques-unes ? Ces nouvelles expériences génèrent plusieurs émotions tout à fait normales telles que des préoccupations, des questionnements, ainsi que de l'excitation et de la curiosité.

Une première fois, ça ne nous tombe pas dessus par hasard. On le sent quand les choses avancent vers ce but ultime qu'est *la première fois*. Pense à la première fois que tu as fait de la planche à neige ou au premier but que tu as compté au soccer. Il y a plusieurs premières fois qui sont mémorables et d'autres que tu aimerais oublier, comme la première fois où tu t'es chicanée avec ta meilleure amie !

Ça peut faire peur!

Tu te sens morte de trouille et tu voudrais rentrer sous le tapis juste à l'idée d'avoir des rapprochements avec quelqu'un et de vivre ces fameuses premières fois? C'est tout à fait compréhensible quand on sort de notre zone de confort, comme on dit. Si tu prends la décision de vivre un rapprochement pour la première fois (baiser, caresses ou autre), assure-toi que tu te sens assez calme et, surtout, que le désir de le faire est vraiment présent pour les deux personnes. À la page 173, nous te suggérons quelques questions afin de t'éclairer en cas de doute.

Plusieurs filles n'osent pas faire les premiers pas, par peur d'être jugées ou parce qu'elles sont gênées. Si un jour, tu as l'impression que c'est ton cas, tu peux te poser la question suivante: quel serait le pire scénario? Souvent, tu réaliseras qu'il est loin d'être catastrophique!

 Truc: Maintenant, transforme ton pire scénario en scénario humoristique.

L'amour, c'est avoir quelqu'un à qui dire que l'on a peur et savoir que cette personne nous comprendra.

Sortir de sa zone de confort

Une première fois, ça se prépare et ça nous oblige à sortir de notre zone de confort. Tu auras peut-être besoin d'aide ou de conseils avant d'y arriver. Pense à la première fois que tu as eu envie de manger des crêpes. Tu as d'abord dû t'assurer que tu avais tous les ingrédients. Ensuite, tu as pris le temps de les faire cuire avant de pouvoir manger tes crêpes. Tu as réfléchi et tu as peut-être même demandé conseil à quelqu'un pour y arriver.

Pense à ce que tu pourrais faire pour vivre une belle première fois. Certes, on ne contrôle pas tout, et surtout pas l'autre personne. Communique clairement tes intentions. Il serait triste que tu t'imagines une chose, alors que l'autre s'imagine totalement autre chose. Tu sais, l'amour est comme une danse. Quand tu as mis le pied devant, attends que l'autre le fasse à son tour avant de bouger ton autre pied. Sois à l'écoute de toi-même autant que de l'autre.

Défi 7

Oser sortir de la zone de confort

Pour te pratiquer à tes premières fois, nous te suggérons de sortir de ta zone de confort. Nous t'invitons donc à relever le défi de complimenter une personne par jour. « Facile ! te dis-tu en ce moment. Je n'ai qu'à dire à ma meilleure amie que ses vêtements me plaisent ou à ma mère que j'aime ce qu'elle a cuisiné pour souper ! » Ça peut être ça, mais ce n'est surtout pas seulement ça ! T'arrive-t-il de te promener dans l'école et de te dire qu'un garçon est vraiment beau ? D'accord, la barre est peut-être un peu haute en ce moment pour aller lui dire qu'il est vraiment *cute* !

Tu peux commencer par un compliment envers une personne avec qui tu te sens plus à l'aise pour ensuite complimenter d'autres personnes et augmenter le niveau du défi un peu plus chaque jour. Le compliment doit vraiment être sincère, et l'idéal est de le ressentir lorsque tu le dis à la personne.

Pour commencer, tu peux complimenter un ami, un parent, un enseignant et, ensuite, un collègue de classe. Quand tu te sentiras à l'aise de le faire avec des personnes que tu côtoies au quotidien, tu pourras plus facilement le faire avec des personnes qui te sont inconnues ou avec quelqu'un avec qui ça te semblait moins facile (par exemple, une personne qui te plaît, qui a beaucoup de caractère).

Oser sortir de ta zone de confort t'apportera probablement plus de confiance en toi et te sécurisera pour tes premières fois. Il te sera ainsi plus facile de t'affirmer.

Défi relevé ☐ Fais un crochet lorsque tu auras relevé le septième défi.

Les premières fois = La bonne personne

Bien que plusieurs jeunes se vantent d'être actifs sexuellement, cela ne veut pas dire que c'est vrai! Plusieurs attendent la bonne personne ou le bon moment, mais se sentent dans l'obligation de faire croire à tous qu'ils ont déjà eu des relations intimes avec quelqu'un.

En fait, attendre le bon moment et surtout la bonne personne, c'est primordial. Il est bien d'imaginer comment se passera sa première fois, mais nous tenons ici à parler du sentiment amoureux qui devrait idéalement accompagner les échanges entre deux personnes. Être patiente fera que tu seras plus confiante en ton couple et moins gênée devant l'autre personne.

Un de mes amis de gars s'est plaint d'être encore vierge à 15 ans. Franchement, croit-il vraiment que c'est vrai que tous ses amis ont déjà couché avec quelqu'un? Je lui ai gentiment remis les pendules à l'heure!

Les premières fois :
le premier rendez-vous

Le premier rendez-vous

Notre pro en séduction te revient avec les sujets à adopter lors d'un premier rendez-vous.

Comme on apprend rapidement à connaître quelqu'un à travers ses intérêts personnels, il est donc recommandé d'échanger sur tes loisirs et tes plaisirs. De cette façon, l'autre partagera aussi les siens. Essaie de garder la conversation positive et ne monopolise pas toute l'attention. Parle et pose des questions dont tu attendras les réponses en retour.

Des sujets gagnants

1. **Les arts :** la littérature, les films, les humoristes ou les acteurs favoris.
2. **Les sports :** les sports d'équipe, les résultats, l'équipe qu'encourage ta date (rendez-vous amoureux).
3. **Les voyages :** ceux que tu as faits, ceux que tu aimerais faire.

4. **Tes passions**: tes collections personnelles, ton artisanat, ton piano.

5. **Les études**: tes buts, les matières dans lesquelles tu excelles, tes bons résultats scolaires.

En contrepartie, les sujets à éviter lors des premiers rendez-vous:

1. Ton ex-petit ami. (Même si ta date le connaît.)

2. L'ex-petite amie de ta date.

3. Ta fatigue, ton mal de tête et encore moins tes menstruations.

4. Les problèmes que tu vis avec ta famille et le ménage de ta chambre qui n'est pas fait.

5. Tes insatisfactions liées à ton poids et à ton image corporelle.

6. Tes commentaires sur quelqu'un d'autre. Peu de gens aiment les médisances.

Finalement, pose des questions pertinentes. Tu ne mènes pas une enquête pour le FBI.

Les attitudes à privilégier

1. T'amuser et démontrer avec confiance la joie qui vibre dans ton cœur.

2. T'asseoir confortablement au fond de ton siège et avoir une attitude intéressée.

3. Montrer tes mains, soit sur la table ou sur tes cuisses.

4. Ne pas croiser les bras ou les jambes.

5. Le sourire est le miroir de l'âme, et ton âme est belle. Montre-la!

Pour terminer, renseigne-toi sur les bonnes manières à adopter à table. Cet aspect est très souvent oublié, mais cela impressionne les gens. Sers-t'en!

Note importante : Si ta *date* regarde toujours autour d'elle et bâille à s'en décrocher la mâchoire, change de sujet ou laisse-lui un peu plus de place dans la conversation.

Un brin d'humour

— Oumph, en retard à un premier rendez-vous !

— ...

— Quinze minutes ?! Il se prend pour qui, le bizarre ?

— ...

— O. K., cinq minutes et je m'en vais !

— Salut ! Excuse-moi, je ne suis pas en retard, j'espère ?

— Non, non, tu es à l'heure, c'est moi qui étais en avance !

Les premières fois : le premier baiser

Le premier baiser

Le baiser est le premier geste intime qui officialise souvent une relation entre deux personnes qui s'aiment, et c'est aussi celui que la plupart des adolescentes expérimentent en premier. C'est donc un territoire réservé à l'amour.

Généralement, la seule personne qu'on embrasse sur la bouche est celle à qui on a choisi de donner son cœur. Pas la peine de mettre tout de suite sa langue dans la bouche de l'autre! Un baiser sur des lèvres tendres peut être un geste mémorable et aussi excitant. N'oublie pas: mieux vaut rater un baiser (ne pas avoir de baiser) qu'un baiser raté! Sérieusement, peu importe qu'il soit parfait ou complètement raté, le premier baiser de tous «met la table» pour une suite de moments savoureux!

 Truc : Ose faire les premiers pas si tu ressens le désir d'embrasser la personne que tu aimes. Assure-toi d'abord que ces sentiments sont réciproques.

Truc : Si la personne refuse de t'embrasser, dis-toi que pour que ce baiser soit magique, tu souhaites sûrement le partager avec une personne qui le désire tout autant que toi.

Les types de baisers

Un vrai bon *french kiss*, c'est quand la langue d'un des partenaires touche les lèvres ou trouve le chemin de l'autre langue pour ensemble danser doucement.

Baiser à la course : un baiser rapide, qui donne envie d'y retourner.

Baiser timide : les yeux fermés, tu hésites entre savourer et avoir envie que ça finisse.

Baiser mouillé : tu as l'impression d'être dans une piscine à vagues tellement il y a échange de salive !

Baiser cinéma : pas véridique du tout, tu ne sens pas d'émotion chez l'autre.

Baiser inattendu : tu te fais prendre par surprise, tu figes… incapable de réagir.

Baiser super-manège : vos langues tournent et tournent, en s'entrechoquant.

Baiser dentiste : vos dents s'entrechoquent, vous avez l'impression que votre langue n'est pas assez longue pour se rendre dans la bouche de l'autre.

Baiser tendre : un baiser si tendre que ton pied se détache doucement du sol, comme on voit à la télé.

Baiser passionné : un baiser si fort et intense que tu souhaites qu'il ne s'arrête jamais.

Baiser sensuel : baiser langoureux et pendant lequel tu sens monter en toi le désir sexuel.

Truc : Oublie la technique, prends ton temps et savoure !

Sache qu'il y a autant de baisers que de couples, et qu'il est normal qu'il y ait une période d'ajustement la toute première fois, et ce, peu importe l'âge ! Il y a aussi les mains : où les pose-t-on ? Un baiser n'a pas la même signification quand les mains n'entrent pas en action. Les hanches offrent un bon appui, les épaules nous permettent de nous rapprocher. Les mains sur les côtés du visage réfèrent à la tendresse et sur le bas du dos ou le haut des fesses... Aaaah... Euh...

La technique du french kiss

Apprendre à embrasser ne se fait pas devant un miroir. Tu aimerais faire danser ta langue avec celle de ton amoureux, mais tu n'as jamais suivi de cours de danse. Fais-toi confiance. Cela se passe souvent en agissant par instinct, et vous êtes deux pour danser.

Assure-toi que les conditions idéales sont présentes pour faire un french kiss mémorable. As-tu mangé de l'ail ? Tes dents sont-elles brossées ? Les siennes ? N'oubliez pas votre nez : il doit être placé afin de ne pas nuire et de ne pas crever un œil à l'élu de votre cœur !

Ton premier baiser n'arrivera qu'une seule fois. Aussi compétitif et vif qu'il soit, le gars aura peut-être besoin d'être repoussé pour comprendre que tu as besoin de respirer entre les baisers et que ton épiglotte n'est pas un ballon de boxe.

Attention, il y a des gars qui prennent leur temps. Ce n'est pas grave si un gars ne t'embrasse pas au premier ou au deuxième rendez-vous. Cela ne veut pas dire qu'il n'est pas intéressé. Certains ont eu droit à une éducation leur permettant la plus grande des réflexions et des délicatesses. Tu remercieras ses parents le temps venu... Chanceuse !

L'amour, c'est quand la bouche qui t'embrasse sent la menthe et que les mains sentent les roses.

Tu as déjà embrassé quelqu'un

Parmi les types de baisers énumérés dans la page précédente, lequel correspondait le plus à ton premier baiser?

J'ai arrêté de respirer quand sa langue est entrée dans ma bouche. Une chance que ça n'a pas été long.

Ce baiser t'a-t-il plu?

À quoi pensais-tu?

Que faisais-tu de tes mains?

Penses-tu avoir profité du moment?

Quel type de baiser aurais-tu préféré?

La seule fille à ne pas avoir « french kissé » ?

Il n'y a pas d'âge pour l'échange du premier *french kiss*. En réalité, chaque fille a son propre rythme et il est important de le respecter, mais tu verras qu'à partir du moment où tu en auras envie, tu t'arrangeras pour que ça arrive. Il ne te manque peut-être que l'occasion pour le faire.

Ne te compare pas aux autres et, pendant ce temps, profite encore une fois des bons moments pour retourner à ton anis étoilé. Fais des activités qui te plaisent et qui équilibreront tes relations avec les autres ou pratique un sport que tu aimes, sans te soucier du moment où tu passeras à l'action côté baiser... Euh... *french kiss*.

L'amour, c'est savoir quand on est prête à faire quelque chose, pas quand les autres le sont.

Les premières fois : les caresses

Première caresse à soi-même

La plupart des garçons ainsi que plusieurs filles ressentent le désir de se caresser pour explorer leur corps, particulièrement à la puberté, avec l'arrivée en flèche des hormones. D'ailleurs, la masturbation est souvent la première expérience concrète de plaisir sexuel. C'est le fait de caresser son corps (les seins, les parties génitales) dans le but d'avoir du plaisir sexuel.

La masturbation est encore un sujet un peu tabou dont on ne parle pas haut et fort dans les partys. Pourtant, même les jeunes enfants touchent leurs organes génitaux en explorant plusieurs parties de leur corps et ils en ressentent déjà des sensations agréables. Comme tu peux le constater, c'est un geste tout à fait naturel.

Pas grave si tu n'en as pas envie !

La masturbation est une bonne façon de découvrir ton corps et les caresses que tu préfères, en te familiarisant graduellement aux différentes sensations éprouvées. De plus, elle amène une sensation de détente liée au plaisir sexuel.

Certes, si tu ne ressens pas le besoin d'explorer ton corps par différentes caresses, tu n'as pas à le faire, puisque ça ne doit pas être un geste mécanique ou obligatoire. Rappelle-toi que tu n'es pas dans un laboratoire et que tu n'es pas le cobaye d'une expérience scientifique. Pour la majorité des gens, cela se passe de façon tellement naturelle et même souvent sans y penser.

**L'amour, c'est écouter un cœur et un corps,
car les deux savent s'exprimer.**

Première caresse à soi-même...
et à l'autre

Quand tu te sentiras à l'aise, et si tu le désires, tu pourras ensuite expliquer à ton partenaire ce qui te plaît le plus en matière de stimulations sexuelles ou même échanger sur vos préférences. Quand tu es avec ton amoureux, une des bonnes façons de faire baisser la tension liée au désir et à l'excitation sexuelle est de vous caresser mutuellement de façon intime.

Plusieurs adolescents choisissent d'abord d'explorer le corps de l'autre à l'extérieur des vêtements. C'est une façon de faire qui permet d'y aller étape par étape. Lorsque le sentiment amoureux grandit entre les deux et que les moments d'intimité se multiplient, il va de soi que, petit à petit, le degré des caresses augmentera.

Un peu comme suivre une carte au trésor, trouver les indices en chemin est aussi excitant que de découvrir le trésor lui-même.

Les gars tombent dedans lorsqu'ils sont ados

As-tu parfois l'impression que certains gars pensent constamment au sexe ? Ils font des blagues sur le sujet et font même allusion à la masturbation sans gêne et tabou ? Seraient-ils tombés dans une potion magique à l'arrivée de la puberté ? Pendant cette fameuse période, ceux-ci sécrètent une importante quantité de testostérone, qui fait augmenter les pulsions et le désir sexuel. D'où le besoin pour la plupart des adolescents de se masturber, et ce, assez fréquemment.

À les entendre parler, on dirait que les gars pensent juste au sexe !

Certains gars en font presque une question d'honneur et cherchent à prouver qu'ils sont comme les autres, ou ils parlent de sexe pour faire rire leurs amis. Pourtant, cela est un geste intime qui ne devrait pas être « étalé » sur la place publique.

Les premières fois : faire l'amour

Faire l'amour pour la première fois

Pour faire l'amour, il faut être en amour. Avoir une relation sexuelle, est-ce toujours faire l'amour? Pas toujours, mais l'amour n'est jamais bien loin. On s'attache souvent aux gens avec qui nous avons eu des relations sexuelles… Pour le meilleur ou pour le pire.

Il faut savoir faire la différence entre satisfaire un besoin physique et avoir envie de partager dans un but commun, c'est-à-dire aimer quelqu'un. Comparons la première fois à une sortie en camping ou à un voyage. On doit prévoir plusieurs éléments pour s'assurer que tout se passera selon nos désirs, mais il arrive qu'on doive tout de même faire face à l'imprévu. Si tu n'as pas bien préparé ton voyage, il se peut que tu rencontres une difficulté, mais cela ne veut pas dire que tu n'auras pas fait un beau voyage. Ce n'est qu'une comparaison, bien sûr!

Tu peux ainsi te retrouver à faire l'amour dans une voiture ou dans un endroit inapproprié à tes yeux ou même te faire surprendre par tes parents (beurk!). Cela fait-il partie de tes attentes ou de tes **V**aleurs **P**rimordiales **(VP)** de te retrouver dans une de ces situations?

Si, dans ton tatouage, tu as inscrit **respect**, est-ce que pour toi faire l'amour sur la banquette arrière d'une voiture ou avec une personne qui ne t'intéresse pas vraiment correspond au mot **respect**? Mets cette question dans tes bagages.

Le savais-tu? Pour les garçons, les relations amoureuses sont davantage liées à l'expérimentation de la sexualité, tandis que pour les filles, elles sont plutôt associées à l'amour et à l'engagement[21].

Souhaiter quelque chose, mais la bonne affaire!

Avoir une relation sexuelle, qu'elle soit basée sur l'amour ou non, implique plusieurs gestes intimes, comme les caresses de la vulve, du pénis et autres gestes à connotation sexuelle, et non seulement la pénétration.

Partager le plaisir dans une relation sexuelle, c'est aussi penser à ce qu'on veut et à ce qu'on ne veut pas. La pénétration n'est pas l'unique geste à poser ou à accepter pour atteindre ce plaisir. La sexualité est beaucoup plus que cela. Pensons à un couple de filles qui échangent des caresses à caractère sexuel; nous pouvons affirmer qu'elles ont une relation sexuelle, même s'il n'y a pas coït (pénétration du pénis dans le vagin).

 Truc: Détermine un code (un geste ou un mot) avec ton partenaire que vous pourrez utiliser pour faciliter la communication.

---

21. RONDEAU, Lorraine, et autres. *Les relations amoureuses des jeunes : Écouter pour mieux accompagner.* 2008, [En ligne]. [www.santepub-mtl.qc.ca/Publication/PDFjeunesse/relationsamoureuses.pdf] ((page consultée le 20 septembre 2013)

> ## L'amour, c'est souhaiter ce qu'on désire et désirer vraiment ce qu'on souhaite.

Suis-je prête ? Voilà la grande question !

Ce n'est pas en répondant à un questionnaire qui, une fois rempli, te demandera de calculer le nombre de points accumulés que tu sauras si tu es prête ou non à avoir une relation sexuelle avec ton partenaire. Toutefois, les cinq questions de base qui suivent t'aideront probablement à y voir plus clair.[22]

1. **Où et quand ?** Ton environnement

   Cette première question fait référence à l'environnement dans lequel aura lieu la rencontre. Avez-vous pensé à un lieu et à un moment qui vous permettront d'être confortables et dans l'intimité ? La banquette arrière d'une voiture ou la chambre des parents d'un ami n'est sûrement pas l'endroit que tu as en tête.

   Si l'atmosphère est importante pour toi, assure-toi tout de même d'avoir des attentes réalistes. Peut-être que d'imaginer un chemin de pétales de roses se rendant au lit n'est pas ce qu'il y a de plus réaliste pour avoir une belle atmosphère, alors que mettre de la musique d'ambiance l'est davantage. C'est à toi d'y voir !

2. **Quoi ?** Tes comportements

   Est-ce que tu as pensé à ce que tu veux préparer, seule ou avec l'être aimé, avant ledit moment ? Par exemple, choisir un bon moyen de contraception que tu seras à l'aise d'utiliser, acheter des condoms et bien savoir les utiliser, t'assurer de ne pas être dans ta période menstruelle…

---

22. Inspiré des niveaux logiques de Robert Dilts

3. Comment? *Tes capacités*

Tu peux ici te demander comment tu vas faire pour que ça se passe comme tu le souhaites. Pour ce faire, tu peux imaginer cette relation intime avec l'être aimé et te poser quelques questions telles que: «Est-ce que je serai à l'aise d'être nue en sa compagnie?»

4. Pourquoi? *Tes valeurs et tes pensées*

Il est aussi pertinent de te poser la question: «Qu'est-ce qui nourrit mon désir d'avoir des relations sexuelles, et ces raisons respectent-elles mes **VP**?» Demande-toi si tu es bien en compagnie de cette personne, si tu sens qu'elle te respecte et si tu te sens en confiance. Est-ce que les caresses que tu aimerais donner et recevoir sont en accord avec tes pensées?

5. Qui? *Ton identité*

En répondant à ces questions, il te sera plus facile de savoir qui tu es et ce qui est important pour toi.

À toi maintenant de faire ton choix et de prendre une décision éclairée en fonction de tes propres désirs. Tu pourras alors laisser place à la spontanéité et aux sensations du moment.

Le savais-tu? Une étude sur la santé rapporte qu'avant l'âge de 14 ans, moins de 10 % des adolescents ont eu une première relation sexuelle[23]. À la fin du secondaire, environ 50 % des adolescents ont déjà eu au moins une relation sexuelle (vaginale, orale ou anale)[24].

Aimer, c'est se comprendre en un clin d'œil.
Aimer, c'est apprendre à se respecter en un seul geste.
Aimer, c'est se découvrir.
Aimer, c'est s'assouvir.

---

23. Institut de la statistique du Québec. 2012. L'Enquête québécoise sur la santé des jeunes du secondaire 2010-2011, Gouvernement du Québec, 258 pages.
24. Idem.

Les premières fois : les caresses spéciales

Faire une « pipe » ou un « cunni »

Nous aimerions prendre deux secondes pour te rappeler que de lui donner un diminutif ne rend pas le geste moins important. Par exemple, la fellation, communément appelée « pipe », est une des nombreuses pratiques sexuelles dont on semble diminuer les impacts. Il s'agit du pénis qui est stimulé de différentes façons (avec les lèvres, la bouche ou la langue) par une autre personne. Quant au cunnilingus ou « cunni », c'est la fille qui se fait caresser le clitoris et les lèvres entourant le vagin avec la bouche ou la langue de l'autre.

Comme tu peux le constater, ces gestes très intimes demandent une grande aisance et une grande confiance entre les deux partenaires. Plusieurs ont tendance à croire que faire une fellation ou un cunnilingus, ce n'est pas considéré comme avoir une relation sexuelle, alors que cela fait partie intégrante des jeux de l'amour. Si vous choisissez, ton amoureux et toi, d'avoir ce type de pratiques sexuelles, il serait judicieux que vous attendiez d'être vraiment complices. Soyez à l'écoute de vos propres désirs et non seulement de ceux de l'autre.

Truc : Il y a trois grandes questions à se poser dans ce cas :

1. Est-ce que je fais cela pour le séduire ?
2. Est-ce mon chum ou seulement une passade ?
3. Serons-nous capables de nous regarder dans les yeux après que ce geste aura été posé ?

Le savais-tu ? Tu peux attraper plusieurs ITSS en pratiquant le sexe oral (peu importe le sexe de la personne) telles que l'herpès génital, des condylomes, la syphilis et la gonorrhée.

Témoignage de Kelly, 17 ans

E-BOOK

Kelly : « Stop, ça va trop loin ! »

Un soir, un garçon qui m'attirait beaucoup a commencé à m'embrasser et à me caresser un peu partout. On a fini par se déshabiller, et il voulait avoir une relation sexuelle avec pénétration. Ce n'est pas ce que je souhaitais. Je lui ai fait comprendre que je ne voulais pas en éloignant ses hanches avec ma main. Mon désir était qu'il devienne mon chum, pas de faire l'amour avec lui.

Il a finalement dirigé doucement ma tête vers le bas de son corps pour que je lui fasse une fellation. C'est ce que j'ai fait, alors que je n'en avais pas vraiment envie.

> Je me suis laissé influencer la deuxième fois parce que je ne voulais pas le décevoir et que j'étais gênée de ne rien faire. Puisque j'ai été capable une première fois de m'affirmer, j'aurais été capable de le faire la deuxième fois aussi.
>
> Depuis ce temps, je me respecte plus et j'attends d'être en couple et de vouloir partager mon intimité avec celui que j'aime !

 Piste : Dès que tu sens un malaise lors d'une relation intime, dis-le rapidement.

 Question réflexion : Selon toi, à quel moment Kelly aurait-elle pu commencer à s'affirmer afin de ne pas en arriver là ?

Ne pas confondre désir de plaire et désir sexuel

Il arrive que nous confondions désir de plaire et désir sexuel. Es-tu prête à tout pour lui plaire ? Quelle sera la suite ? Y aura-t-il une suite ? L'excitation pourrait-elle te faire perdre la tête ? Bien sûr !

Toutes les caresses sexuelles ont pour but de procurer du plaisir aux deux personnes qui les partagent. Même si tu veux faire plaisir au garçon que tu aimes, il est essentiel que tu te sentes libre d'accepter ou de refuser de faire tel ou tel type de caresse. Que ce soit la fellation ou tout autre comportement sexuel, ce n'est pas parce qu'une personne en parle ou le propose qu'il devient nécessaire de le faire.

Le choix des caresses est personnel à chaque couple et à chaque individu. Si on t'oblige ou te menace, ça devient de l'abus sexuel et c'est interdit par la loi.

177

Truc : Désirer quelque chose ou quelqu'un plus longtemps devrait le rendre encore plus attrayant.

SEXplorer et se PROtéger

SEXplorer mutuellement en agissant comme une PRO suppose d'avoir son kit de PRO en tout temps avant des rapprochements intenses. Le kit de PRO est un duo gagnant composé de condoms et d'un autre moyen de contraception (pilule contraceptive, timbre contraceptif, contraceptif injectable, etc.).

Le port du condom pour le garçon limite les risques d'attraper une ITSS ou de lui transmettre la tienne, si tu en es porteuse. Plusieurs personnes sont porteuses d'une ITSS sans le savoir, puisque certaines de ces infections peuvent être asymptomatiques, c'est-à-dire sans symptômes. Le condom est le moyen le plus sécuritaire de prévenir les infections transmissibles sexuellement et les grossesses non planifiées.

C'est cool, il y a des condoms avec des saveurs.

Il suffit parfois d'un contact sexuel non protégé pour attraper une infection. Si tu as le désir de pratiquer la fellation en réduisant tes risques d'attraper une ITSS, utilise un condom en latex non lubrifié ou un condom en polyuréthane.

Le savais-tu ? Si tu veux faire un cunnilingus à ta partenaire ou si tu veux en recevoir un d'elle ou de ton partenaire, tu peux utiliser un condom non lubrifié. Il suffit de le couper en deux, dans le sens de la longueur, pour faire ainsi une barrière de latex que tu pourras utiliser pour recouvrir la vulve. Tu peux aussi utiliser une « digue » en latex semblable à ce qu'utilisent les dentistes en clinique.

Pourquoi attendre ?

Plusieurs garçons rêvent en secret de trouver une fille qui n'a pas eu de relation sexuelle avant d'être avec lui… ou qui a eu peu de partenaires. Heureusement, ce ne sont pas toutes les filles qui jouent à saute-mouton d'un garçon à l'autre. Elles réfléchissent avant d'avoir des rapprochements intimes avec le premier venu.

On entend tellement parler de sexe dans les médias qu'on finit par croire qu'on est prête à 12 ans. Moi, j'ai attendu jusqu'à 17 ans et je ne le regrette pas !

Depuis que j'ai couché avec Caro, les autres filles s'attendent à ce que je couche tout de suite. Stop, je ne suis pas comme ça, j'aime prendre mon temps pour connaître la fille !

L'amour, c'est un trésor qu'il faut sauvegarder pour un autre si on croit que notre partenaire ne nous est pas destiné.

179

Si je refuse, il va me laisser !

Tu as peur que ton amoureux te laisse ? Ta stratégie pour éviter son rejet est d'accepter de faire quelque chose dont tu n'as pas envie pour l'instant ou pour laquelle tu ne te sens pas prête ? Et la prochaine fois, jusqu'où iras-tu de peur qu'il ne te quitte ?

Es-tu vraiment certaine qu'il te quittera si tu manifestes ton désir d'attendre ? Oui, cela peut arriver, mais il se peut aussi que le fait que tu t'affirmes lui plaise et que ça augmente son désir pour toi. Rappelle-toi les **VP** de ton tatouage intérieur ! A-t-il les mêmes que toi ? Si oui, il saura être patient et en profitera pour apprendre à te découvrir.

Ton partenaire ne veut pas porter de condom, ou vous n'en avez pas ? Ce n'est pas facile, mais quelle belle occasion de t'affirmer et de tenir à deux valeurs probablement importantes pour toi : la santé et le respect. Et puis, qui te dit que tous les deux, vous ne seriez pas bien, simplement blottis l'un contre l'autre ? Ça vaut la peine de t'affirmer ; il verra que tu te respectes. Souviens-toi des ITSS et des risques accrus si vous ne vous protégez pas.

Votre relation est ce qu'on appelle stable et vous auriez peut-être l'intention de laisser tomber le port du condom ? Assurez-vous d'abord d'avoir fait un test de dépistage chez le médecin. Même sans symptôme apparent, vous pourriez avoir une infection sans le savoir.

Finalement, assurez-vous aussi d'être sur la même longueur d'onde quant à la fidélité. Si ton chum «va ailleurs», il risque de te transmettre une ITSS.

Au risque de se répéter, l'amour, c'est un trésor qu'il faut sauvegarder pour un autre si on croit que notre partenaire ne nous est pas destiné ...

Une première fois bien ordinaire !

La première fois de plusieurs filles est souvent teintée de déception, puisqu'à l'adolescence, il y a de nombreuses différences entre la sexualité des filles et celle des garçons. D'où l'importance d'apprendre à se connaître mutuellement et de bien communiquer avec son partenaire.

De façon générale, les adolescents ressentent davantage le désir d'avoir des relations sexuelles que les adolescentes. Les responsables : les hormones ! De plus, les garçons ont des orgasmes plus facilement, comparativement aux filles, et ceux-ci sont associés à l'éjaculation. Chez l'adolescent, l'éjaculation peut se produire très rapidement. Leurs sensations sont davantage situées aux organes génitaux, alors que pour les filles, elles sont plus étendues à l'ensemble du corps.

J'associe faire l'amour à faire du ski : il arrive qu'on tombe, mais on a quand même envie de recommencer. La technique sans le plaisir, ça ne vaut rien !

Le défi pour les garçons sera d'apprendre à varier les types de caresses et les sensations de plaisir à l'ensemble du corps de sa partenaire, ainsi qu'à s'habituer à faire durer le plaisir en prenant son temps. Pour les filles, ce sera de se connecter davantage avec les sensations éprouvées lors des caresses intimes prodiguées par leur partenaire.

 Truc : Il est important d'être dans un lieu où vous aurez la chance d'avoir de l'intimité afin d'être détendus. Le désir, la douceur et la tendresse sont de circonstance pour favoriser la détente et le plaisir respectif.

Et les fois suivantes !

Quand tu te sentiras à l'aise pour parler ouvertement de tes attentes, de tes désirs et de tes inquiétudes à ton amoureux, fais-le dans la simplicité. Rappelle-toi que ce n'est pas parce qu'il ne partage pas toutes tes attentes qu'il n'en a pas.

Ton amoureux ne peut pas deviner quelles caresses tu souhaiterais recevoir et, souvent, les garçons se mettent de la pression et se sentent malhabiles. Nous t'invitons à lui parler franchement. Pour ce faire, tu peux commencer par lui poser des questions pour connaître ses préférences ; ce sera ainsi plus facile d'exprimer les tiennes par la suite. Lorsque c'est fait dans l'écoute, l'ouverture et le respect mutuel, c'est une stratégie qui vous permet d'améliorer la qualité de vos relations et, par le fait même, votre estime et votre bien-être.

 Truc : Propose à ton chum des façons de te toucher en le disant tout simplement ou en dirigeant ses mains délicatement. Pourquoi ne pas jouer à «tu chauffes» et tu «refroidis»?

**L'amour, c'est être bien dans la routine
et la faire attendre à la porte à l'occasion.**

La pression de l'orgasme

Il y a le désir pour l'autre, l'excitation mutuelle, les baisers, les caresses, mais rien ne peut être très satisfaisant sans l'amour. La recherche de la performance ne devrait normalement pas mener tes relations intimes. L'orgasme n'est donc pas un but en soi.

Si tu te mets de la pression pendant la relation, il est probable que tu ne seras pas détendue et que tu n'auras pas de lubrification vaginale. Si c'est le cas, ce sera assez pour t'empêcher de vivre un orgasme, puisque tu ne seras pas concentrée sur le moment présent et que ton corps ne sera pas prêt à cette relation. N'oublie pas que la pression peut venir des deux côtés. Il ne faut pas comparer avec ce que tu entends ou ce que tu vois peut-être dans certaines vidéos.

J'ai beau me détendre, ça ne marche pas pantoute. Ce n'est pas grave, j'aime quand même vivre ça avec lui.

Truc : Évite de le comparer à tes ex, ce n'est pas poli et ça pourrait le vexer !

Demandes très « spéciales »

On dit que les adolescents de sexe masculin seraient davantage à la recherche de sensations fortes lors de leurs relations sexuelles que les filles[25]. De tous les temps, les stimuli externes (vidéo porno, Internet) donnent des idées « particulières ou hors norme » à certaines personnes.

Contrairement à ce que certaines filles pourraient penser, ce n'est pas tendance d'avoir des pratiques sexuelles hors norme ! Certaines adolescentes se sentent coincées entre ce qu'elles entendent et ce qu'elles désirent vraiment. Ce n'est surtout pas en essayant toutes sortes de pratiques sexuelles qui ne sont pas alignées avec tes Valeurs Primordiales **(VP)** que tu seras aimée de ton partenaire

---

25. Zani, B., 1993, dans l'étude de Rondeau, Lorraine, et autres, 2008.

et que tu seras heureuse. De plus, ce n'est pas le choix des pratiques qui fait qu'un couple est heureux et épanoui, c'est plutôt ce que l'un et l'autre développent ensemble. Tu es libre de faire les meilleurs choix pour toi en lien avec ton tatouage intérieur. Alors, ose être toi-même en t'affirmant quand les demandes ne te plaisent pas.

Tu as le goût d'explorer et c'est la même chose pour ton partenaire? Assure-toi que chacun le désire tout autant que l'autre.

La sensualité... La quoi ?

La sensualité : quétaine ou glamour ?

La sensualité est souvent associée au fait qu'une femme s'habille sexy et, pourtant, il n'en est rien ! La sensualité n'est pas liée à la beauté corporelle et peut s'exprimer de différentes façons. Une femme peut être considérée comme étant moins jolie – quoique la beauté soit une question de perception – et être très sensuelle. Une fille peut très bien être habillée avec un chandail sport et être désirable. Est-ce possible d'être glamour sans être sexy ? Bien sûr ! Et pourquoi pas ?

Truc : Respecte les sensations que tu éprouves à l'intérieur de toi quand tu t'habilles d'une façon plutôt que d'une autre.

Peut-être te demandes-tu ce qu'est la sensualité ? La sensualité est la capacité d'être réceptive aux plaisirs des sens (la vue, le toucher, l'odorat, l'ouïe et le goût). C'est un état que l'on ressent chez certaines personnes qui semblent bien dans leur peau, dans leur tête et dans leur cœur. La sensualité ne s'invente pas, elle se vit du bout des ongles au bout des cheveux.

Le développement de la sensualité passe par l'apprentissage de rester soi-même et de s'assumer telles que nous sommes. Par exemple, si une femme n'est pas à l'aise quand elle porte des talons hauts, elle ne sera pas connectée aux émotions qui se manifestent en elle si elle fait l'effort d'en porter. Ainsi, elle ne pourra pas être sensuelle.

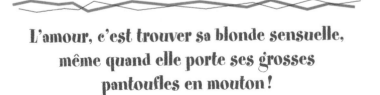

L'amour, c'est trouver sa blonde sensuelle, même quand elle porte ses grosses pantoufles en mouton!

S'accorder le temps d'être sensuelle

Avec la vie moderne et les multiples sollicitations de nos sens à la vitesse de l'éclair, nous ne savons plus où poser notre attention : vidéoclips, musique, écrans divers, publicités, cellulaires, etc. C'est alors un défi pour toi de te connecter à qui tu es vraiment et de prendre le temps de savourer les petits plaisirs de la vie.

Nous avons l'heureuse chance d'avoir encore une fois notre PRO en séduction qui te donne plein de conseils inspirants. Voici ses trucs pour soulever le plaisir des sens :

Éclairage : Éteins les lumières et allume des chandelles. Euh... Fais plutôt l'inverse : allume d'abord des chandelles et, ensuite, éteins les lumières. Tu peux aussi jouer avec le gradateur de lumière.

Musique : Qu'elle soit rock ou romantique, choisis une musique qui te fait voyager et, surtout, que tu n'écoutes pas habituellement.

Dégustation : Un chocolat, un bonbon ou un fruit... Peu importe ! Prends-le dans ta bouche et essaie de le déguster le plus longtemps possible en te concentrant sur les nombreuses sensations dans ta bouche.

Toucher: Étends de la crème ou de l'huile* sur ton propre corps ou sur le corps d'une autre personne.

*Note : L'huile et les condoms ne font pas bon ménage, tu peux par contre utiliser un lubrifiant à base d'eau.

Odeurs: Qu'elles soient de rose, de vanille ou de tarte aux pommes, les odeurs ont la cote de la sensualité.

Truc à faire en couple ou avec des amis pour développer ses sens : Propose à tes amis de faire une dégustation de divers aliments en ayant les yeux fermés, recouverts d'un tissu ou d'un masque de sommeil. Touchez, goûtez et sentez afin de découvrir l'aliment proposé.

Culpabilité et manipulations

Savoir se positionner pour éviter la culpabilité

Quand je me chicane avec quelqu'un, ça finit toujours par être moi la coupable.

Il n'est pas utile de chercher un coupable lors d'une mésentente. Peu importe les accusations et les regrets, ce qui est fait est fait. Par contre, plus le lien émotif est fort, plus on s'en met sur les épaules. Par conséquent, nous nous responsabilisons parfois pour ce qui ne nous appartient pas. Il arrive aussi que ce soient les autres qui tentent de nous faire sentir mal à l'aise, de façon à se libérer de leurs responsabilités.

Par exemple, tu vas dans un party et tu parles à un gars qui semble s'intéresser à toi. À ta grande surprise, sa blonde, dont tu ne connaissais pas l'existence, se met à parler dans ton dos. Dès que tu vois la situation se mettre en place, tu vas te demander si tu as bien fait de lui parler, alors que ce problème ne te regarde pas, même si tu es indirectement impliquée. Dans ce cas, c'est au couple à avoir une bonne conversation, pas à toi de te sentir mal à l'aise.

Voici comment évaluer votre position dans ce cas-ci

1. **Écouter** – Recevoir l'autre sans parler ou tenter de le raisonner (aucune expression).
2. **Comprendre** – Essayer de comprendre la situation et ce que l'autre vit.
3. **Se calmer** – Laisser passer du temps pour que l'autre se positionne et pour se calmer soi-même.
4. **Nommer** – Communiquer ton émotion personnelle (avec ouverture).
5. **Apprendre** – Que retiens-tu positivement de cette situation?

Je me sens coupable de ce qui est arrivé entre nous

Tu as fait des «choses» dont tu n'es pas fière? Tu te sens déjà coupable? Pourquoi ne pas assumer et te placer en mode **«O. K., j'ai compris»**? En analysant ton erreur et en désirant changer cette situation, tu avances déjà vers une solution.

Devenir un adulte, c'est accepter les difficultés de la vie. Tu as fait des choses contraires à tes principes? Cesse de te juger et prends tes responsabilités afin de ne plus reproduire un comportement semblable qui va à l'encontre de tes Valeurs Primordiales **(VP)**.

Prendre le blâme, sans réfléchir à la leçon qui vient avec, n'est pas nécessairement réparer son erreur. Une bonne façon de se sentir moins coupable est de se responsabiliser en affirmant une parole réfléchie ou en posant un geste. Fais-le avant tout pour toi, tu te sentiras déjà mieux et ce sera par le fait même, une façon de respecter l'autre.

Les peurs et le rejet

J'aimerais être une autre personne

Une des plus grandes peurs des adolescents et des adultes est d'affirmer et d'exprimer qui ils sont vraiment. Te reconnais-tu? Depuis que tu es toute petite, tu as appris à faire des efforts pour répondre aux besoins des autres, pour être reconnue et acceptée. Tu avais le désir d'être aimée en étant à la hauteur des espérances des personnes de ton entourage. Tu voulais être assez belle, assez bonne, assez intelligente, assez compétente, assez, assez… As-tu parfois l'impression que ce ne sera jamais assez?

Tu te sens parfois paralysée par la peur? Tu n'es pas la seule à vivre des peurs, nous en vivons tous! Alors, pourquoi souhaiter être une autre personne que toi? En tant qu'êtres humains, nous comprenons que nous devons répondre à certaines attentes pour être aimés et respectés. Pas étonnant que ce ne soit vraiment pas toujours facile d'être authentique, donc d'être vraie.

Peur de ne pas être à la hauteur?

Les standards que tu t'imposes ou que l'on t'impose sont-ils trop élevés? C'est excellent d'être généreux et de respecter des règles établies, encore faut-il ne pas y laisser ton identité. Finalement, tout est une question d'équilibre. Pense encore à ton anis étoilé.

Qui est la personne ayant le plus d'attentes envers toi? Il y a de fortes chances que ce soit toi-même! L'image que tu te fais de la perfection t'amène-t-elle à te juger et à ne pas t'accepter telle que tu es? D'ailleurs, il t'arrive probablement aussi de juger les autres selon tes propres valeurs et tes propres attentes? Qu'arriverait-il si tu utilisais ton énergie pour avoir des attentes plus réalistes ou moins grandes?

Un brin d'humour

— Tu ne m'as pas encore dit: « Je t'aime! »

— J'aimerais bien, mais je suis trop occupé à répondre: « Moi aussi! »

L'amour, ce n'est pas se mesurer à des plus grands que soi, c'est se mesurer à soi pour se voir grandir.

Suis-je une fille vraie ?

Peut-être te dis-tu présentement que tu es dans une classe à part et que tu es une personne très authentique. Voyons voir!

Es-tu vraiment authentique (naturelle et vraie) ?

1. As-tu déjà parlé dans le dos d'une personne que tu appréciais beaucoup pour avoir l'approbation d'autres personnes présentes?

2. T'arrive-t-il d'accepter l'invitation d'une amie pour une sortie, alors que tu n'en as vraiment pas le goût?

3. T'arrive-t-il d'éviter de parler de certains de tes loisirs pour éviter de faire rire de toi?

4. Répètes-tu parfois des potins sans en vérifier la source?

5. Dis-tu souvent comme les autres, alors que tu n'es pas d'accord avec eux?

Tu as un maximum de oui comme réponses aux questions du test? Ne t'en fais pas! L'objectif n'est pas de te juger, mais de constater comment tu pourrais faire mieux. Quoique ce test soit loin d'être scientifique, il démontre, entre autres, que ce n'est pas toujours évident d'être authentique dans la vie de tous les jours, bien que ce soit une valeur véhiculée par plusieurs personnes.

5 trucs pour devenir plus authentique

- Prends le temps de réfléchir avant de donner une réponse lorsque des gens expriment leur point de vue (surtout si tu es dans un groupe).

- En cas de doute, abstiens-toi de commentaires qui pourraient blesser des gens ou te mettre dans l'embarras.

- Si quelqu'un parle dans le dos d'une amie ou d'une connaissance, défends-la en disant que ce n'est pas cool de parler de quelqu'un qui est absent et abstiens-toi d'embarquer dans le jeu.

- Prends le temps nécessaire, lorsque c'est possible, avant de donner ta réponse à une invitation quand ton choix ne semble pas évident. Ça te permettra probablement d'y voir plus clair.

- Ne ris pas des blagues de quelqu'un sans les comprendre.

- Tu sais que tu es loin d'être la seule à vivre une situation semblable. Dis-toi que peu importe ton opinion, il y aura toujours des personnes qui ne la partageront pas. Alors, il est préférable de t'affirmer et d'assumer ce que tu penses vraiment.

 Truc : Si ce n'est pas facile pour toi de t'affirmer, commence avec une seule personne et ensuite avec un petit groupe. Plus tu montreras ta vraie personnalité, plus tu gagneras de la confiance en toi.

Je n'aime pas quand les filles jouent des « games » pour tenter de me plaire.

Je ne mérite pas d'être aimée

Pourquoi crois-tu cela? Est-ce l'amour qui n'a pas toujours été au rendez-vous qui te fait croire cela? Essaie-t-on de te convaincre que tu n'as pas vraiment de valeur ou que tu n'es pas désirée? As-tu fini par croire que tu ne méritais pas d'être aimée? Pourtant, tu as lu dans ce livre que l'amour ne vient pas que des autres. Si l'on choisit de moins t'aimer… *aime-toi encore plus!*

Cible d'abord ce qui te fait croire à cet état des choses. Pour plusieurs filles, ce sont, par exemple, les mauvaises notes inscrites au bulletin ou les médailles qui ne sont pas accrochées au mur de leur chambre qui enveniment leurs pensées. Elles pensent qu'elles n'ont pas autant de valeur que les autres, qu'elles n'ont pas le droit d'être aimées. En fait, elles attendent l'approbation de quelqu'un, ce qui, avant tout, leur donne un pouvoir sur elles et les empêche de mettre en valeur leurs autres qualités.

Il suffit de regarder autour de soi pour constater que les diplômes et tout le reste ne sont pas nécessaires à l'amour et que ce n'est surtout pas ce qui fait ta valeur. Les plus grandes vedettes, même si elles ont fait fortune, sont-elles toujours heureuses? Voici la preuve que le statut social ne garantit pas l'amour.

 Truc : Et si tu décidais, dès aujourd'hui, d'avoir la conviction profonde que tu as de la valeur, peu importe ton âge, ton statut social, ton sexe et le degré de ta popularité?

Même une tape sur la gueule me donne de l'attention !

Oui, nous le savons, lorsque tu étais jeune, tu rêvais du prince charmant. Un homme grand et fort qui arriverait sur son cheval blanc. Ton amoureux a-t-il tout du beau prince, sauf qu'il est violent avec toi, ou avec les autres? Ton rêve s'est-il transformé en cauchemar et tu ne sais plus comment te réveiller?

Es-tu prête à subir n'importe quoi au nom de l'amour? Une gifle? Des paroles irrespectueuses? Ton amoureux exerce-t-il un pouvoir sur toi? As-tu déjà oublié la personne formidable que tu es?

Nulle ne peut commettre une faute si grande qu'elle mérite d'être frappée ou humiliée. Il te faudra du courage, et probablement l'aide de quelqu'un, pour t'affirmer et sortir de cette relation malsaine, mais le temps joue contre toi. Ton chevalier blanc, comme un nuage, se transformera en tempête qui risquera de tout emporter sur son chemin. Fuis la tornade vers des lieux où le soleil brille.

L'amour, c'est ne pas croire que l'on peut transformer un monstre en justicier.

Il tape tout le monde, sauf moi

Être témoin d'injustices et ne rien faire nous rend complice de la personne qui commet les gestes. Toute chose dans la vie doit être gagnée dans le respect et non prise de force.

La peur et la résilience nous donnent toutes les excuses pour fermer les yeux, alors que plus on attendra, pire ce sera. Un jour, tu auras peut-être un enfant; accepterais-tu que quelqu'un s'en prenne à lui ou à elle? Alors, pourquoi acceptes-tu que ton amoureux s'en prenne aux autres, eux qui sont les enfants ou les amis de quelqu'un?

N'attends pas pour parler à quelqu'un de la situation ou pour demander d'être protégée. Tu n'en seras que plus fière!

Rédiger une lettre d'amour

Peut-être t'es-tu demandé à l'instant qui est LA personne la plus importante dans ta vie? Nous espérons que c'est toi. Pour ce défi, nous t'invitons à t'écrire une lettre d'amour. Oui, tu as bien lu! Une lettre d'amour.

Sors ton plus beau stylo de couleur et applique-toi à t'écrire la plus belle des lettres d'amour, dans laquelle tu décriras tes qualités, tes talents, les réalisations dont tu es fière, tes caractéristiques physiques que tu préfères, bref, toutes les facettes que tu apprécies particulièrement chez toi.

Relis ta lettre et assure-toi qu'elle sera une source de satisfaction pour toi lorsque tu auras la chance de la relire.

Si tu le désires, ajoutes-y des dessins et des symboles qui sont significatifs pour toi.

Procure-toi une enveloppe et un timbre. Inscris ton nom et ton adresse complète sur l'enveloppe et va poster ta lettre.

Surveille le courrier, tu recevras ta lettre quelques jours après l'avoir envoyée. Lorsque tu ouvriras l'enveloppe, découvre à nouveau ce que tu auras inscrit avec amour. Garde précieusement cette lettre et relis-la dès quand tu en sentiras le besoin.

Défi relevé ☐ Fais un crochet lorsque tu auras relevé le huitième défi.

Les peines d'amour

Survivre à une rupture amoureuse, c'est possible!

Ton copain t'a laissée et tu souffres incroyablement? Tu lui avais ouvert ton cœur et c'est comme s'il était parti avec et avait arraché une partie de toi au passage. Nombreuses sont les adolescentes qui vivront une rupture amoureuse et qui se sentiront comme toi.

Il y a autant de séparations différentes qu'il y a de couples. Toutefois, cette rupture comporte généralement cinq étapes, très semblables aux étapes traversées lors d'un deuil.

Voici quelques trucs pour survivre à chacune des étapes de cette tempête :

1. **Le choc et le déni**

   La première étape est lorsque la personne n'arrive pas à comprendre ce qui se passe, et ce, même si elle sentait que sa relation battait de l'aile. C'est la phase du choc, phase où tu pourrais te sentir impuissante. « J'ai l'impression de vivre un cauchemar, je n'en reviens pas qu'il m'ait quittée ! C'est impossible ! »

   Truc : Accepte de te sentir désorientée pendant quelque temps, c'est tout à fait normal.

2. La colère

Certaines adolescentes ressentent de la colère, de la culpabilité et de la honte. C'est l'étape où tu pourrais ressentir le désir de te venger ou de rendre ton ancien copain jaloux. Tu pourrais avoir l'impression d'avoir été bêtement abandonnée.

 Truc : Écris ce que tu ressens sur une feuille de papier ou dans un journal, ce sera libérateur.

3. Le marchandage

C'est l'étape où plusieurs adolescentes espèrent que la personne qu'elles aiment va revenir ou tentent de se convaincre qu'elles pourront transformer leur relation amoureuse en amitié. Elles peuvent aussi essayer de reconquérir l'être aimé. Peut-être te reconnais-tu ou reconnais-tu une amie ? « Il va réaliser qu'il a fait le mauvais choix, qu'il s'est trompé et il va revenir. »

 Truc : Il t'a quittée ! N'insiste pas et accepte sa décision, quand un gars dit non, c'est non !

4. La tristesse

Le sentiment de tristesse prend généralement une grande place durant cette période, puisque la personne prend conscience qu'elle perd celui qu'elle aime ainsi que les avantages associés à cette relation. « J'ai juste le goût de pleurer, plus rien ne m'intéresse et je me sens abandonnée. » Elle doit se rappeler que l'autre ne lui appartient pas ! À cette phase, certaines adolescentes comprennent qu'elles doivent faire le deuil de l'environnement de leur ex, par exemple ses amis ou les activités qu'ils faisaient ensemble.

 Truc : Donne-toi le droit d'être triste et entoure-toi des personnes avec lesquelles tu te sens le mieux.

5. L'acceptation

Généralement, nous pouvons reconnaître qu'une personne en est à cette étape lorsque sa vie ne tourne plus autour de la rupture, qu'elle retrouve l'espoir en l'avenir et qu'elle a de nouveau des rêves. Tu reconnaîtras cette étape, puisque tu recommenceras à t'amuser et à avoir du plaisir.

 Truc : Demande-toi quel est le cadeau ou l'apprentissage de cette relation ? Par exemple : Ça t'a permis de connaître une nouvelle amie, tu sais maintenant ce qui est important pour toi dans un couple, etc.

Intensité et rupture

L'ordre des étapes, le nombre et l'intensité des émotions peuvent être variables d'une personne à l'autre.

Peut-être vis-tu une rupture amoureuse en ce moment et as-tu de la difficulté à envisager les bénéfices de cette séparation ? Le fait d'être en couple donnait probablement un sens à ta vie, puisque tu l'aimais et qu'il t'aimait.

Peut-être t'attendais-tu à ce que ton amoureux vienne combler tes besoins plutôt que d'apprendre à les combler toi-même ? En lui donnant autant d'importance, ne risquais-tu pas de ressentir un grand vide intérieur lors de son départ ?

Parmi les différents carpelles de ton anis étoilé, lequel pourrait être développé davantage et ainsi t'aider à te sentir mieux dans pareil cas ? Pourquoi ne pas choisir le carpelle du bénévolat, histoire de te sentir appréciée ?

Le savais-tu ? Les personnes qui font du bénévolat retirent plusieurs bienfaits de leur engagement tels que la création de nouveaux liens, le sentiment d'appartenance et le dépassement de soi[26].

---

26. Réseau de l'action bénévole du Québec. *Importance de l'action bénévole*, 2013, [En ligne]. [http://www.rabq.ca/importance-action-benevole.php] (page consultée le 20 septembre 2013)

Vivre une peine d'amour sans avoir été en couple, c'est possible !

Plusieurs adolescents, filles ou garçons, vivent une peine d'amour sans avoir été en couple avec la personne qu'ils aiment. Comment est-ce possible?

Certaines personnes se rapprochent énormément de l'être aimé et elles en sont secrètement amoureuses. Elles vivent dans l'espoir, et lorsqu'elles s'aperçoivent que le sentiment n'est pas réciproque, elles peuvent vivre une peine d'amour tout aussi importante que si elles avaient été en couple.

> Quand j'ai appris que le gars sur qui j'avais un gros kick depuis un an avait fait des avances à mon amie, ç'a vraiment été un coup dur! Ça m'a pris deux mois à retrouver ma bonne humeur et à être capable de décrocher.

L'amour, c'est aimer si fort que cet amour nous assomme sans avoir touché l'autre.

> C'est moi qui l'ai laissé, mais je semble plus triste que lui. Pourquoi suis-je aussi à l'envers?

Le va-et-vient de la peine d'amour

Il est vrai que la rupture amène dans son tourbillon de multiples sentiments tels que les regrets, la culpabilité et, bien sûr, la peine. Cela prend quelque temps avant que le cœur ne retrouve son équilibre. Faire appel à ton canal estime et à ton ancrage te servira grandement dans cette épreuve.

As-tu parfois l'impression que ton ex n'est pas branché? Certains jours, il t'envoie des signaux te laissant présager qu'il aimerait reprendre avec toi, alors qu'à d'autres moments, tu as l'impression que tu ne comptes vraiment pas pour lui.

Peu importe ses incertitudes et sa façon de se comporter avec toi, tu n'as pas de contrôle sur ce qu'il vit et sur comment il réagit. Toutefois, si tu n'es pas d'accord avec sa façon d'agir, c'est à toi de mettre tes limites et de t'affirmer. Quand c'est fini, c'est fini! Ça te permettra ensuite d'aller dans une autre direction.

Quand ça ne finit plus de finir

Il est fréquent de voir des jeunes se laisser et reprendre leur relation par la suite. Ils sont tellement fragiles émotionnellement qu'il leur est facile de retourner dans une ancienne relation, et ce, même s'ils réalisent que celle-ci n'est pas profitable pour eux.

Il arrive souvent que des gens se laissent sous le coup de l'impulsion, mais cela ne veut pas dire qu'ils ne doivent pas être ensemble. On a le droit de changer d'idée, de réfléchir et de recommencer, si cela n'implique pas que l'on joue avec le cœur de l'autre.

Témoignage d'Angélie, 16 ans

« On reprend ou pas ! »

Après dix mois de fréquentation avec mon chum, il a commencé à cruiser d'autres filles dans mon dos. Il disait que ce n'était que des amies, mais il passait beaucoup plus de temps avec elles qu'avec moi. Je me disais que je faisais partie de son « harem ». C'était important pour lui de passer beaucoup de temps avec d'autres filles. Nous nous sommes laissés.

Quelques semaines plus tard, il m'a dit: « Je t'ai laissée pour si peu ! » J'ai trouvé ça cute et on a recommencé à sortir ensemble. Malheureusement, après trois semaines, j'ai réalisé que notre relation était exactement comme avant la rupture. Je l'ai laissé pour de bon !

Si un gars regarde autant d'autres filles, c'est que je ne suis pas la seule à ses yeux, alors que pour moi, il était le seul élu de mon cœur. Je suis fière d'avoir fait confiance à mon jugement en choisissant de le laisser, puisque je ne me sentais pas bien avec ça.

Question réflexion : Tiens-tu vraiment à être en couple ? Pourquoi ?

Piste : Si tu étais attentive à tes sentiments et à la petite voix à l'intérieur de toi, que te dirait-elle ?

Survivre à une rupture

Te souviens-tu des contes que les adultes te lisaient lorsque tu étais toute petite? Ils débutaient souvent par «Il était une fois» et à la fin du récit, le conte se terminait régulièrement par «ils se marièrent, vécurent heureux et eurent beaucoup d'enfants». Euh... C'est loin d'être toujours la réalité!

Les contes, les films et les chansons nous font parfois rêver à un amour sans fin. La réalité est bien différente. Bienvenue sur terre! Tu te dis peut-être présentement: «Ben... Oui, j'étais en couple pour être heureuse!» La relation amoureuse est un de tes huit carpelles, mais pas l'unique! Coucou! Il y a d'autres sphères de ton **anis** qui attendent ta présence!

Il y a plusieurs moyens de «survivre» à une rupture, que ce soit toi ou l'autre qui ait décidé de rompre. Dors beaucoup, fais-toi plaisir, achète-toi quelque chose que tu souhaitais avoir depuis longtemps et qui marquera la fin de cet épisode de ta vie. Écris, dessine, sors de ton petit cœur les émotions qui y baignent encore. Les gens te diront que le temps fait bien les choses, et même si tu as peine à y croire, ils auront raison.

Se consoler mutuellement

Certaines adolescentes et même des femmes adultes se font consoler par leur ex ou consolent leur ancien amoureux. Il est naturel de vouloir poser des questions pour comprendre les motifs de la rupture, et c'est la raison pour laquelle on ressent le besoin de revoir son ex (ou lui de nous revoir).

Il n'est tout de même pas recommandé de se faire réconforter par LA personne impliquée dans la rupture. Après avoir mis les choses au clair, tu éviteras de côtoyer ton ex, ce sera plus facile de t'en éloigner. Cela ne veut pas dire que, dans le futur, vous ne serez plus amis, mais pour le moment, il est préférable de lâcher prise ou de prendre vos distances.

L'éviter ? Pas possible !

« Mon ex est dans la majorité de mes cours et, en plus, nous avons plein d'amis en commun. Pas facile de l'oublier ! » Ce n'est pas nécessaire de changer d'horaire, d'école, de ville ou de planète pour arriver à l'oublier ! Certes, il est dans les mêmes cours que toi et tu n'as pas de pouvoir là-dessus. Toutefois, tu peux en profiter pour choisir de nouveaux coéquipiers pour les travaux d'équipe et apprendre à les connaître.

Si vous avez plusieurs amis en commun, vous pouvez les partager ou vous éclipser temporairement jusqu'à ce que vous soyez plus à l'aise de vous revoir avec le groupe. Profites-en pour te divertir en faisant autre chose afin de garder ton équilibre et de mettre en application la **Méthode ANISSAN®**. Commence à lire un nouveau roman, passe du temps avec des membres de ta famille que tu avais peut-être un peu négligés ou commence à pratiquer un sport.

 Truc : Lors d'une rupture, évite de rester amie pour te déculpabiliser. Après plusieurs mois et du recul de ta part et de la sienne, il sera toujours temps de développer une amitié sur de nouvelles bases.

 Truc : Si ton ex est tout près de toi en classe et que tu as de la difficulté à te concentrer, explique la situation à ton enseignant. Il sera probablement ouvert à faire un changement de place en classe.

C'est toi qui veux cesser la relation ?

Tu veux terminer cette relation, ça fait des jours que tu l'évites, tu en as plus qu'assez et tu ne sais pas comment t'y prendre ? Peut-être as-tu peur de sa réaction ? Après tout, tu ne veux pas lui faire de la peine ! Ne sous-estime pas l'autre, ce n'est plus un petit garçon !

Chaque personne est responsable de ses réactions et de son propre bonheur. Oui, c'est toi qui es l'initiatrice de la rupture, mais tu n'es pas responsable de sa peine, de sa colère ou de toute autre réaction de sa part. Il a le choix de réagir de différentes façons face à la rupture.

C'est une bonne idée de prévenir une copine ou un copain de tes intentions, afin qu'il soit disponible et prêt à intervenir en cas de problème. La personne laissée ne veut certainement pas l'être devant témoin, mais tu as le droit d'avoir le soutien d'un ou d'une amie! Prends garde de ne pas impliquer ton prochain kick dans ta rupture.

L'amour, c'est savoir quand et comment bien faire les choses, même pour quitter quelqu'un.

Quitter une personne avec respect

Assure-toi de finir la relation dans le respect. Ce ne serait pas délicat de ta part de lui annoncer la rupture par l'intermédiaire des réseaux sociaux, par un courriel, par un texto, ou en passant par une amie pour faire tes messages. Pas cool pour un gars de constater que sa blonde le quitte en voyant apparaître « célibataire » sur son statut FB!

Sois d'abord certaine de ta décision. Si tu es ambivalente, il le sentira. Il est normal que tu te sentes déchirée ou mal à l'aise à l'idée de lui dire ton intention de le quitter. Prends le temps de le rencontrer seul, idéalement dans un endroit neutre, tel qu'un parc. Si c'est chez toi, il ne sera peut-être pas à l'aise de croiser des membres de ta famille en sortant. Évite également de le faire à l'école, devant vos groupes d'amis ou quelques minutes avant un cours alors que vous risquez d'être bouleversés. Vous avez vécu une relation intime, alors c'est important qu'elle se termine aussi dans l'intimité, et non en devenant le spectacle du jour à la «café» de l'école!

 Truc : Annonce ta rupture face à face, question de respect!

Je ne sais pas quoi lui dire

Plutôt que de bafouiller en tentant de dire n'importe quoi, pourquoi ne pas le lui dire franchement? Tu peux commencer par: «Écoute, je ne sais pas comment te dire ça...» Le reste viendra tout seul. Tu peux d'abord lui demander de ses nouvelles. Ensuite, explique-lui comment tu te sentais dernièrement dans votre relation et les motifs qui t'ont amenée à rompre.

Sois brève et précise, évite le mode «attaque» et fais-lui plutôt part de tes sentiments. Il se peut qu'il tente de trouver des solutions. Si c'est le cas, prends le temps de l'écouter attentivement plutôt que de compter les tuiles au plafond. Dis-lui avec assurance que tu as bien réfléchi et que la relation est terminée.

Ta posture et le timbre de ta voix feront toute la différence. Il est préférable d'avoir un certain calme et de ne pas crier, afin de démontrer que tu es en contrôle et que tu assumes ton choix. Plus le timbre de ta voix sera bas et plus l'autre personne sentira que tu es solide et déterminée.

J'ai peur de sa réaction

Demain, tu lui annonceras votre séparation, tu ne sais pas comment il va réagir et cela t'inquiète? Ne t'attends pas à ce qu'il te remercie et veuille faire une célébration dont tu seras l'invitée spéciale! Plusieurs gars le prennent bien et respectent la décision de leur amoureuse, alors que d'autres réagissent très mal. Si tu ne t'affirmes pas avec assurance, il est fort possible que tu aies de la difficulté à t'éloigner de lui.

Par contre, si tu penses que sa réaction pourrait devenir dangereuse pour toi ou même que tu t'inquiètes pour lui, c'est ta responsabilité d'en faire part à un adulte en qui tu as confiance, ou d'appeler un service professionnel qui saura bien t'éclairer. Tu ne sais pas à qui t'adresser? Consulte les ressources que nous te proposons à la fin du livre.

L'amour, c'est quitter quelqu'un et ne pas essayer de le consoler soi-même.

Suis-je prête pour une nouvelle relation?

Le temps ayant fait son œuvre, tu te sens libérée de plein d'émotions dont tu te serais bien passée telles que la tristesse, la colère et la crainte. Tu as peut-être peine à croire que tu as survécu à cette tempête qui t'a à la fois secouée et, nous le souhaitons, fait grandir.

Ce sera le bon moment de redessiner ton anis pour valider si tu as retrouvé un certain équilibre dans ta vie. Si c'est le cas et que tu es dans la phase d'acceptation de la rupture, ce sera plus facile et agréable d'entrer de nouveau en relation avec quelqu'un.

Pourquoi ne pas profiter de l'occasion, également, pour faire ou refaire le défi 3: ton tatouage intérieur. Qu'il ait évolué ou non, chose certaine, il t'aidera à prendre de bonnes décisions.

 Truc: Dans ta chambre, enlève les photos ou les objets qui te rendent nostalgique.

209

Amour et argent

Mon amie est populaire, car elle est riche

Serait-elle simplement plus sûre d'elle-même en raison de sa situation financière ou de celle de ses parents? Sans le savoir, se sert-elle de son argent pour «attirer» les gens vers elle ou le fait-elle pour «partager» tout naturellement? Il est vrai que c'est plaisant d'avoir quelqu'un de généreux près de soi, une personne qui paie pour la pizza, les boissons gazeuses ou qui paie ton entrée au cinéma. Il n'y a rien de négatif à cela, pourvu que les choses soient claires.

1. Exige-t-elle quelque chose en retour?
2. Se vante-t-elle devant les autres d'avoir payé ceci ou cela?
3. Ses parents sont-ils au courant de la générosité de leur ado?

Voilà trois bonnes raisons pour t'asseoir avec cette personne et vérifier si elle se sent généreuse ou si elle a l'impression de faire des dépôts en banque avec l'espoir de recevoir plus tard quelque chose en retour.

Si un garçon te gâte, seras-tu plus gentille?

Ton cœur n'est pas à vendre. Ne te laisse pas convaincre d'être plus gentille avec une personne à l'aise financièrement qu'avec une personne moins fortunée. Les gens qui n'ont pas d'argent dans leur compte de banque ont peut-être la plus grande richesse, celle du cœur.

Les personnes très l'aise financièrement se demandent souvent si leurs amis sont avec elles pour leur argent ou non. La question devrait se poser dans les deux sens.

La dignité vaut très cher, beaucoup trop pour qu'on puisse y mettre un prix. Prends garde de ne pas échanger des services sexuels contre de l'argent. Cela s'appelle de la prostitution et c'est interdit par la loi. Tu n'es au service de personne. Trouve plutôt des gens qui reconnaissent ta valeur, plutôt que leur valeur financière.

À mon anniversaire de 12 ans, un gars m'a offert un gros cadeau. J'étais très mal à l'aise parce qu'il m'avait dit à plusieurs reprises qu'il s'intéressait à moi. Y'a bien fallu que je lui dise que je ne voulais pas sortir avec lui. Il m'a laissé le cadeau quand même.

Tu as le droit à tes propres ambitions

Nous aimerions en profiter pour briser un vieux stéréotype, comme quoi une personne bien nantie profite toujours de sa richesse au détriment des autres. Il est positif de vouloir être à l'aise financièrement et de s'assurer un bel avenir ainsi qu'à sa famille. Pense à ton anis et équilibre les sphères de ta vie afin qu'elle t'apporte bonheur et stabilité, même dans la réussite.

Bâtis ta vie sur de bonnes fondations. Si un jour tu réussis à être épanouie dans ton travail et que celui-ci te permet d'être à l'aise financièrement, nous n'en serons que plus heureuses !

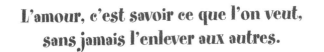

L'amour, c'est savoir ce que l'on veut, sans jamais l'enlever aux autres.

Défi 9

Le coffre au bonheur

Plusieurs adolescentes se demandent quoi faire pour se sentir mieux lorsqu'elles éprouvent des émotions telles que la tristesse, la peur ou la colère. Nous te lançons donc un défi qui sera te soutenir les jours de grisaille.

Sélectionne d'abord une boîte de bonne dimension. Pas nécessaire de dépenser pour la boîte la plus cool, tu peux très bien utiliser une boîte à chaussures vide, que tu pourras personnaliser selon tes goûts et tes talents artistiques.

Dépose à l'intérieur de ta boîte des souvenirs qui sont associés à des instants magiques de grand bonheur de ta vie. Ça peut être le billet d'une soirée de spectacle où ton amie et toi aviez vu votre idole, ou le courriel d'un ami qui t'avait fait un compliment vraiment cool, ou encore une carte d'anniversaire, la photo d'un moment mémorable avec ta famille en vacances, un examen où tu avais eu une note dont tu étais fière, un toutou qui te rappelle de beaux souvenirs d'enfance, un bijou offert par ta grand-mère, le CD de ton groupe préféré ou bien tout autre objet qui t'est précieux et qui est associé à une expérience significative de bonheur pour toi.

Ajoutes-y des images et des objets qui représentent les objectifs que tu veux atteindre et les rêves que tu désires réaliser. Par exemple : la photo d'une adolescente qui reçoit son diplôme, un mot qui symbolise comment tu aspires à te sentir, l'image d'un endroit que tu rêves de visiter, une photo du modèle qui t'inspire, etc.

Lorsque ton moral ne sera pas au beau fixe, ou tout simplement lorsque tu en auras envie, ouvre ton coffre et utilise les objets inclus pour te donner l'énergie nécessaire afin de poursuivre ta vie, avec confiance et détermination, vers l'atteinte de tes objectifs et la réalisation de tes rêves.

Défi relevé ☐ Fais un crochet lorsque tu auras relevé le neuvième défi.

Amour et médias sociaux

Clavarder en guise de premier rendez-vous

Tu te sens bien avec lui lorsque vous communiquez ensemble en clavardant, mais quand vous arrivez à l'école, vous redevenez des inconnus. Un peu comme si ce qui s'était partagé la veille sur le Web s'était évaporé en fumée. Ce clavardage aurait-il été une perte de temps? Rassure-toi, cette relation peut quand même être sérieuse. Il te faudra probablement être celle qui demande un premier rendez-vous, et de nos jours, c'est assez commun.

Apprendre à connaître quelqu'un par l'entremise d'Internet peut être un départ, mais peut aussi être une fin annoncée d'avance, si vous restez en mode électronique!

> Je passe des soirées entières sur Internet avec lui, mais je ne sais toujours pas s'il est intéressé à moi. C'est comme si nous étions tous les deux sur la défensive et que personne n'osait avancer, affirmer ses sentiments, ni même demander un premier rendez-vous.

La rencontre entre deux humains est un moment inoubliable. Sentir son être vibrer au diapason du nôtre, sentir son odeur, car les phéromones font effet, et tout à coup, c'est le coup de foudre. PAF! À ce moment, on se fout carrément si le gars fait son lit le matin, s'il a un chien qui s'appelle Bobette ou Choupette... C'est l'attirance qui nous frappe.

Ce moment ne sera jamais remplacé par un ordinateur ou une conversation sur le Web, si intense soit-elle.

Un brin d'humour

— Où as-tu rencontré ton amoureux?

— Sur Facebook.

— Il habite où?

— En Alaska.

— Ce n'est pas un peu loin?

— Que veux-tu, j'adore la glace à la vanille!

L'amour ouvert aux yeux du monde

Quand on est amoureux, on veut le crier sur tous les toits. On veut crier sa joie et c'est normal. Nous adorons nous voir à travers les yeux des autres, qu'ils approuvent cette relation et nous en félicitent. Si ton amour est en accord avec le fait de mettre votre première photo de couple sur Facebook, vas-y! Partage ton bonheur et reçois les honneurs. L'amour est merveilleux! Pourquoi vous cacher?

Par contre, plusieurs amoureux n'aiment pas s'ouvrir à tous sur les médias sociaux. Le téléphone cellulaire est une des plus grandes portes d'entrée des médias sociaux, les textos, courriels et photos prises innocemment circulent à une vitesse incroyable. Peut-être est-ce de cela que ton amoureux a peur?

Il est préférable de faire approuver le contenu que tu as l'intention de publier sur ton compte ou le compte de ton partenaire. Il est même suggéré de demander à la personne si elle accepte que la relation devienne «officielle» sur les médias sociaux. Plusieurs personnes ne souhaitent pas que leur vie y soit étalée, mais ça, tu le savais déjà!

Célibataire, en couple ou statut « c'est compliqué »

Il n'est pas rare de voir une personne inscrire «en couple» sur sa page Facebook, alors que la relation n'est pas encore confirmée. L'histoire de Lucia en est un bon exemple.

Lucia a rencontré un garçon beau comme un cœur dans un parc d'attractions. Accompagnés d'amis communs, ils ont fait plusieurs manèges jusque tard dans la soirée. Lorsqu'elle est partie ce soir-là, c'est comme si elle lui avait laissé son cœur. Elle a donc décidé de lui faire une demande d'amitié sur Facebook. Demande qu'il a acceptée sur-le-champ.

Après plusieurs jours de clavardage à titre amical, le garçon a accepté l'invitation de Lucia pour un rendez-vous au cinéma. Le cœur de Lucia a battu la chamade lorsque le jeune homme lui a mis la main sur la cuisse et a décidé de lui donner un baiser langoureux. Les deux se sont quittés en fin de soirée en se disant qu'ils allaient se revoir. Quelle ne fut pas la surprise du jeune homme d'aller sur Facebook et de constater que Lucia avait inscrit «en couple» dans sa description. Pour lui, elle était loin d'être sa copine. Il s'est dit qu'il allait tirer cela au clair.

Nous éviterons les tristes détails de cette histoire, pour simplement vous dire que la vie de Lucia est devenue un enfer quand le garçon a fini par inscrire «en couple» sur son mur et y a joint la photo de sa nouvelle flamme, Rebecca.

La leçon à tirer de cette histoire est simple. Prends le temps de connaître vraiment ta situation amoureuse avant de partager quoi que ce soit sur ta page Facebook. Il est normal de demander à quelqu'un si la relation est sérieuse ou si c'est juste une passade. Un french kiss est loin d'être une demande en mariage.

Les tabous n'existent pas devant l'écran

Certaines jeunes filles se font convaincre de poser nue devant une caméra Web. Elles se font harponner par des gens astucieux et, surtout, mal intentionnés, qui leur font des demandes «particulières» via le Web. Dans ce cas, il n'y a que deux questions à te poser avant d'accepter.

Un jour, je me suis égarée sur un site sexuellement explicite et je n'ai pu m'empêcher de regarder, jusqu'à ce que je me rende compte que la fille semblait avoir mon âge.

Pour qui le ferais-tu? Pourquoi le ferais-tu?

Tu ne le ferais certainement pas pour toi... du moins, on l'espère.

Bien que des logiciels existent pour contrer ce phénomène, nous te conseillons de simplement couvrir l'écran de ta webcam quand tu ne t'en sers pas, car plusieurs petits «Wiz» réussissent à intégrer des ordinateurs, filment et publient des images de jeunes femmes qui se déshabillent tout bonnement dans leur chambre, sans savoir qu'elles sont filmées. Ils peuvent même enregistrer tes paroles et les diffuser ensuite sur le Web.

Photos sensuelles ou sexuelles

Tu te dis qu'il n'y a rien là et que d'autres filles le font! Tu choisis donc de faire à ta tête et de placer sur ton mur des photos sur lesquelles tu montres beaucoup de peau (et surtout du menton au nombril), bien sûr au grand désarroi des gens qui tiennent à ta réputation. Pour toi, partager des photos sensuelles ou même sexuelles répond-il à un besoin ou plutôt à une forme de désir?

- Est-ce un défi (interdiction de tes parents ou autre)?
- Est-ce par besoin de reconnaissance ou de popularité?
- Est-ce pour te rassurer dans ton insécurité ou ton estime de soi?
- Est-ce parce que d'autres personnes le font?
- Ressens-tu de la pression des autres (dans une soirée ou avec un groupe)?
- Serait-ce une excitation personnelle?

Désirer quelque chose ne représente pas nécessairement un besoin à combler coûte que coûte. Y aurait-il des façons moins radicales de satisfaire tes envies ou tes besoins? Pense à ton tatouage intérieur. Les valeurs de ton tatouage intérieur te rappellent-elles l'importance de te respecter?

Trop facile à convaincre?

Pourquoi ferais-tu ce type de photos ou de vidéos de toi? Tu n'as pas peur qu'elles se répandent partout? Quelqu'un peut essayer de te convaincre de montrer une partie de ton anatomie, et cette personne pourrait être ton amoureux. Sera-t-il celui qui partagera les photos et les vidéos avec ses amis? Ce sera peut-être son petit frère ou son cousin qui tomberont dessus et feront de toi une «vedette» dans le mauvais sens du terme. Alors, pourquoi ferais-tu ce type de photos de toi?

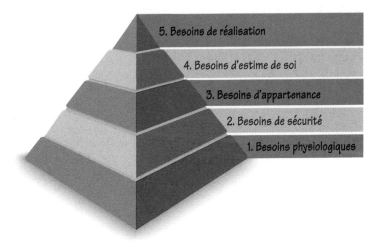

1. Est-ce pour combler un besoin physiologique?

   Est-ce nécessaire à ta santé ou à ta vie?

2. Est-ce pour combler un besoin de sécurité?

   La personne insiste-t-elle fortement ou te manipule-t-elle?

3. Est-ce pour combler un besoin d'appartenance?

   As-tu peur de perdre contact avec cette personne?

4. Est-ce pour combler un besoin d'estime de soi?

   Crois-tu vraiment que ton estime de toi sera plus grande après ce partage?

5. Est-ce pour combler un besoin de réalisation?

   Est-ce une façon pour toi de mettre en valeur ton potentiel?

Malgré la légèreté de ce geste et même s'il répond à une envie ou à l'un de tes besoins, cette pseudo-popularité risque de se retourner contre toi. Tu ne gagnerais absolument rien à montrer tes attraits personnels. De plus, à long terme, l'estime que les gens ont envers toi ne serait, en aucun cas, favorisée par un tel geste.

Réflexions sur nos actions

En fouillant dans de vieilles photos, tu as peut-être déjà vu une personne que tu connais et que tu respectes photographiée en bikini au bord d'une piscine ou sur une plage, dans une pose assez suggestive ou sexy. Que diraient les personnes qui la connaissent si ces photos se retrouvaient dans les médias sociaux ?

C'est la même chose pour toi. Plus tes photos partagées sur les réseaux seront explicites, plus elles risqueront de venir te hanter plus tard, dans le cas où elles seraient partagées par une multitude de personnes.

Tu te doutes bien qu'avant d'embaucher des employés, de plus en plus d'entreprises jettent un œil sur le Web pour se faire une idée de ce que leurs futurs employés ont publié. Le galbe de tes seins fera-t-il partie de ton curriculum vitæ ?

Témoignage d'Amélie, 16 ans

E-BOOK

Amélie : « Propos osés sur Facebook ! »

Je fais partie d'un groupe d'amis, et un des gars a commencé à me parler plus souvent que les autres. Ensuite, il m'a envoyé de plus en plus de messages par Facebook. Au début, je le croyais amoureux, mais les phrases qu'il m'écrivait étaient de plus en plus osées. Si j'écrivais que j'avais mal au dos dans mes commentaires, par exemple, il pouvait commenter mon statut en écrivant : « Pauvre toi ! Je pourrais te faire un massage et descendre plus bas… »

Lorsqu'il était devant moi, il se gardait une petite gêne, alors que devant l'ordi, il devenait de plus en plus intense. Au début, je trouvais ça drôle, mais plus il commentait, plus ça m'inquiétait. Je répondais que ça ne m'intéressait pas, mais il continuait quand même. J'ai finalement créé une barrière en cessant de lui répondre et j'imagine qu'il a compris, puisqu'il a cessé de faire des commentaires sur ma page.

J'ai retenu de cette expérience que les déclarations d'amour sur Facebook ne sont pas nécessairement authentiques et qu'il y a beaucoup de gars et de filles qui s'en servent pour cruiser ou s'exciter personnellement.

Je suis fière d'avoir été capable d'arrêter de lui répondre. Il a compris le message.

Réflexion : Quand tu ressens un malaise, écoute-toi! On ne répond pas à quelqu'un qui nous rend mal à l'aise ou on lui demande de cesser immédiatement.

Piste : Tu souhaites ne pas voir ou entendre certaines choses? Affirme-toi dès le départ ou avant que ça dérape!

Tes amies clavardent avec ton petit ami

Tes parents t'ont donné des règles claires, tu ne peux pas aller sur les médias sociaux après 21 heures et, le lendemain à l'école, tu apprends que ton nouvel amoureux a conversé avec ta best jusqu'à 23 heures! Tu as raison de ne pas être « à l'aise » avec cette situation.

J'ai été étonnée de voir que mon copain parlait plus souvent avec mes amies qu'avec moi. Tout ça parce que je n'ai pas la même liberté d'aller sur mon Facebook!

Une fille, que tu ne connais pas ou presque, pourrait-elle avoir vu ton copain sur ton statut et te faire une demande d'amitié pour l'atteindre? Ce ne sont pas des situations communes, mais cela arrive à l'occasion. Les médias sociaux peuvent devenir les médias «soucieux». N'oublie pas que c'est en ton copain qu'il est préférable d'avoir confiance.

L'amour dans les médias sociaux, c'est écrire une pièce de théâtre et accepter qu'elle soit lue et critiquée au grand jour par tout le monde.

Mon copain n'aime pas Facebook

Cela peut te sembler particulier, mais ce ne sont pas toutes les personnes qui sont de nature sociable. Plusieurs préfèrent garder le statut «privé» pour leur vie, plutôt que de la partager sur les médias sociaux. En réalité, certains garçons n'aiment pas que leur copine soit active sur Facebook et partage tout ce qui se passe entre eux. Plusieurs refusent même d'avoir un compte Facebook ou d'y passer beaucoup de temps, s'ils en ont un.

Nous te suggérons donc d'assumer ton choix en ce qui a trait à ta présence sur les médias sociaux. Un petit ami ne devrait normalement pas avoir envie de contrôler ces aspects de ta vie, s'il a confiance en toi. Tu sais, cela fait partie de la vie de tous les couples que d'apprendre à avoir confiance en la personne que l'on aime. Peut-être que les **V**aleurs **P**rimordiales **(VP)** de ton copain mériteraient un peu d'attention. Si tu partageais avec lui les exercices que nous t'avons suggérés dans ce livre? Peut-être aussi que tes propres **VP** devraient être réévaluées à nouveau?

Quand il m'a dit qu'il ne voulait pas que je dise que nous étions en couple sur FB, je me suis posé des questions. J'ai su plus tard qu'il avait une autre copine que moi! J'aurais dû m'en douter.

Texto ou sexto

Les nouvelles technologies sont tellement accessibles, simples et rapides que plusieurs jeunes imaginent que c'est le quotidien de la plupart de leurs amis. Encore aujourd'hui, il y a des jeunes qui n'ont pas de cellulaire par choix personnel ou familial.

Lorsqu'une fille publie une photo ou une vidéo intime prise avec un cellulaire, elle ne connaît souvent pas les intentions de la personne à qui elle l'envoie. Et même si elle les connaît, a-t-elle la preuve qu'il ne changera pas d'idée dans quelques semaines ou quelques mois? Ses intentions pourraient changer à la suite d'une dispute ou d'une séparation. Il pourrait décider de la montrer à ses amis ou même de la partager.

Texter un message sexuel et se tromper de destinataire, une vraie horreur! Les petits mots d'amour sans prétention peuvent être une belle façon de partager des émotions qu'on ne peut contenir, à condition de ne pas s'attendre à une réponse immédiate. On s'assure d'envoyer un texto à une seule personne à la fois… Sinon, on risque de se tromper de destinataire. Ça paraît mal de dire à ton entraîneur de soccer que tu le désires ardemment et à ton amoureux que tu ne peux pas jouer parce que tu as mal aux pieds.

L'amour, c'est préférer la chaleur humaine et non un substitut.

Le cellulaire, une dépendance?

Dors-tu avec ton cellulaire sous l'oreiller? Es-tu constamment en attente d'un prochain texto? Textes-tu lorsque quelqu'un te parle? Es-tu dépendante des autres à tel point que tu ne peux pas vivre sans avoir de nouvelles d'eux par texto? En fait, si tu n'attendais de nouvelles de personne, que ferais-tu à la place?

Voici quelques idées pour la jeune fille qui désire prendre le contrôle de sa vie «cellulaire».

- Cellulaire fermé après 21 heures.
- Fermé lors des repas (même avec tes amis).
- Fermé lors des moments en amoureux et lors de certaines activités.
- Branché (rechargé) hors de ta chambre.
- Pas plus de cinq textos d'échanges avant de demander à se parler de vive voix.

Ça t'apparaît impossible tellement tu aimes tous les objets électroniques? Commence par te lancer de petits défis. Par exemple, fixe-toi un nombre maximum de minutes par jour et engage-toi à le respecter. Lorsque tu auras réussi, fixe un nouveau nombre!

 Truc: Propose à une amie de relever le défi avec toi, ce sera ainsi plus facile et plaisant.

Amour et santé

L'amour, ça fait du bien !

La santé est certes appréciée en amour, mais savais-tu que l'amour éloigne la maladie ?

Les bienfaits de l'amour sur la santé morale se ressentent sur la santé physique[27]. Quand le cœur palpite, ta circulation sanguine se met à aller plus vite, tes joues deviennent roses et ton cerveau est en extase. On dit que faire l'amour augmenterait l'espérance de vie, préviendrait les coups de blues ou d'idées noires et l'apparition de problèmes cardiaques.

En amour, la santé est fort appréciée. Il est bien de t'imaginer capable d'embrasser ton copain sans avoir peur de lui refiler ta grippe ou l'herpès, ou de lui prendre les mains sans crainte d'attraper ses verrues. Pour le moment, ce que nous te conseillons est de prendre soin de toi : soigner tes petits bobos et, surtout, ne pas être gênée de demander de l'aide si tu as des boutons, que ça pique ou que tu crois avoir une anomalie.

---

27. Psychological Bulletin de l'American Psychological Association cité par MICHAUD, Henry. 8 méthodes scientifiques pour être heureux, 2013, [En ligne]. [http://www.canalvie.com/sante-beaute/bien-etre/articles-bien-etre/8-methodes-scientifiques-pour-etre-heureux-1.1314693] (page consultée le 21 septembre 2013)

Un problème de santé caché

Il serait souhaitable que tu discutes ouvertement de tes problèmes de santé avec ton amoureux, et ce, dès que tu vois que la relation devient sérieuse. S'il n'a pas constaté ton problème, il a le droit de connaître son existence, et s'il se doute de quelque chose, c'est une forme de respect envers lui que de l'en informer au début de votre relation.

Tu as un problème de diabète ou d'hypoglycémie ? N'attends pas de tomber dans les pommes devant lui avant de lui dire que tu dois surveiller ton alimentation. Il t'achètera autre chose que des chocolats ou des bonbons en cadeau !

Si tu penses avoir ou si tu as une maladie qui pourrait être contagieuse, une grippe ou une mononucléose, il est vraiment préférable d'en parler avec ton copain. Il t'en sera reconnaissant.

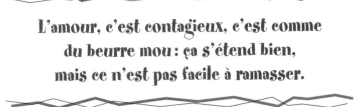

L'amour, c'est contagieux, c'est comme du beurre mou : ça s'étend bien, mais ce n'est pas facile à ramasser.

Le sport nuit à nos amours ? !

Dois-tu partager ton copain avec le hockey ou les arts martiaux ? A-t-il l'impression de passer en deuxième, après ta gymnastique ou ton cours d'escalade ? Le sport prend beaucoup de temps et exige de la souplesse dans les horaires des amoureux. Il faut faire la « split » entre l'école, la famille, les devoirs et le reste.

La **Méthode ANISSAN©** pourrait certainement t'aider à mieux équilibrer ta vie ainsi que celle de celui que tu aimes. Pourquoi ne pas t'asseoir avec ton amoureux et appliquer la méthode avec lui ? Le résultat de son anis étoilé pourrait lui faire voir le temps qu'il n'a pas pour toi.

Garde toutefois en tête que ce n'est pas à toi de choisir la façon dont il gère son temps et ses activités. C'est à lui de faire ses propres choix. Il est tout de même possible de lui faire part de tes besoins et de tes désirs. Tu peux l'accepter tel qu'il est avec sa passion pour le sport, passion qui t'a d'ailleurs peut-être fait craquer au départ.

Un handicap amoureux

Tu es peut-être née avec une différence physique ou même psychologique, mais cela ne veut pas dire que tu n'as pas besoin d'aimer et d'être aimée! Certes, le commun des mortels ne comprend pas ta situation et ne la comprendra peut-être jamais, mais si ton partenaire n'en fait pas tout un plat, n'en fais pas un à sa place!

Peu importe ton apparence et tes différences, ne laisse personne profiter de toi en échange d'amour et d'attention. Fais en sorte que ta différence favorise des échanges sains et positifs.

L'amour, c'est chérir chez l'autre les choses qui sont pareilles aux nôtres et chérir encore plus celles qui sont différentes.

Contraception et ITSS

Duo gagnant

Tu commences à envisager d'avoir des relations sexuelles? Une des principales causes de non-utilisation du condom chez les adolescents est qu'ils ne planifient pas le contact sexuel.

Il est donc important de planifier une méthode contraceptive et de protection contre les ITSS lorsqu'on envisage la possibilité d'avoir des contacts sexuels avec une personne dans les jours ou les mois à venir, en achetant une boîte de condoms, par exemple, et en se faisant prescrire une méthode hormonale (pilule contraceptive, contraceptif injectable, timbre contraceptif, etc.). Ce «kit de la PRO», composé du condom ajouté à un autre moyen de contraception, est comme le sel et le poivre: ils vont bien ensemble.

Elle était tellement sûre d'elle en me le demandant que ça m'a excité et on a eu un fun de fou à m'installer le condom.

Le savais-tu ? Le sigle ITSS (infection transmissible sexuellement et par le sang) est maintenant utilisé au lieu de MTS (maladie transmissible sexuellement), parce que le mot *maladie* est associé à la présence de symptômes, alors qu'une personne infectée et porteuse d'une ITSS peut ne pas présenter de symptômes.

Se protéger est une façon de se responsabiliser et de s'aimer mutuellement en toute confiance. Se protéger à l'aide du condom est une forme de respect envers soi et envers l'autre. Si la personne avec qui tu t'apprêtes à avoir une relation sexuelle ne veut pas porter le condom, c'est son choix, comme c'est aussi le tien de refuser d'avoir une relation avec cette personne.

Depuis que j'utilise deux méthodes, j'appelle ça le duo-fun, parce que je peux avoir du fun, tout en me sachant bien protégée.

Le savais-tu ? 90 % des femmes actives sexuellement âgées de 15 à 24 ans utilisent des moyens contraceptifs.

Moi, la pilule et... mes parents

Bien que tu puisses, dès l'âge de 14 ans, aller seule chez le médecin ou l'infirmière de ton école pour te faire prescrire un moyen de contraception, nous te conseillons d'en parler ouvertement avec tes parents.

Mes parents m'ont demandé si ma blonde prenait la pilule, même s'ils savent que j'ai des condoms dans mon tiroir.

28. Institut de la statistique du Québec, Enquête québécoise sur la santé de la population (EQSP) 2008 – Pour en savoir plus sur la santé des Québécois, novembre 2010, tableau 9.3.

C'est une preuve de ta maturité que d'en parler avec eux au préalable et non une fois le fait accompli.

S'ils voient que leur fille est assez responsable, la plupart des parents sont heureux, bien sûr, de l'encourager à prendre la pilule contraceptive, ou tout autre bon moyen de contraception. Certains d'entre eux espèrent qu'elle attende encore un peu, mais ils ne sont pas prêts à risquer que leur fille devienne enceinte alors que ce n'est pas ce qu'elle désire.

Il existe un moyen de contraception d'urgence pour celles qui ont eu des comportements à risque, c'est-à-dire qu'elles ne se sont pas protégées, que le condom a déchiré, qu'elles ont oublié de prendre plusieurs pilules contraceptives, etc. Cette méthode est le Plan B, qu'on appelle communément la pilule du lendemain. En cas de besoin, tu peux te procurer cette méthode gratuitement à divers endroits, dont les pharmacies, les CLSC, chez le médecin et même auprès de l'infirmière de ton école.

Le savais-tu ? La contraception orale d'urgence est efficace cinq jours suivant une relation sexuelle. Plus elle est prise rapidement, plus son taux d'efficacité est élevé.

L'infirmière de l'école m'a sauvée en me donnant gratuitement la contraception orale d'urgence. J'me voyais pas déjà me lever la nuit pour changer des couches !

Tu as déjà de la difficulté à ramasser ta chambre... Utiliser la contraception orale d'urgence pourrait te permettre d'éviter qu'une vie dépende de toi. L'utilisation de cette méthode contraceptive d'urgence ne t'empêchera toutefois pas d'attraper une ITSS. Alors, il est toujours préférable de passer un test de dépistage.

Si tu te réfères à ton anis, crois-tu avoir de la place dans ta vie pour t'occuper d'un enfant ? Ta vie serait totalement bouleversée. Il est donc important que tu t'arrêtes pour réfléchir à ce que tu as fait et à ce que tu feras pour prendre le contrôle de la situation. Il n'y a pas que toi qui seras bouleversée et qui auras des répercussions sur sa vie. Vivre avec la difficulté qu'apporte un avortement ou faire élever son enfant par quelqu'un d'autre, ce n'est sûrement pas dans ton plan de vie.

 Note: Comme disait Ariane Moffatt dans sa chanson *Poussière d'ange:* «Tu f'rais une super maman, mais pas maintenant!» C'est probablement ce que tu te dis.

Un brin d'humour

— Je suis gêné d'acheter des condoms!

— Moi, je serais plus gênée de choisir un test de grossesse!

— ...

J'en parle ou pas ?

Pas facile d'élaborer sur ce sujet. Plusieurs adolescentes trouvent difficile d'en parler à leur partenaire lorsqu'elles ont ou croient avoir une ITSS. Pourtant, c'est aussi ça, l'amour, que d'en parler.

Il y a des filles qui se mettent en colère lorsqu'elles apprennent que leur partenaire leur a transmis une ITSS. À chacun la responsabilité de sa propre protection. Si un jour c'est ton cas, il serait plus utile de te demander ce que tu pourrais faire de différent pour ne plus que cela se reproduise, plutôt que de blâmer ton partenaire.

Dans le cas où tu attraperais une ITSS, avant de te mettre en colère contre la personne qui te l'a transmise, rappelle-toi que plusieurs ITSS ne comportent pas de symptôme et que peut-être que celle-ci ne savait pas qu'elle en était porteuse.

Le fait d'attraper ou non une ITSS n'est pas un coup de malchance! Certains comportements sexuels sont plus à risque que d'autres. Caresser la personne aimée avec ses mains est beaucoup plus sécuritaire que la pénétration vaginale, par exemple. Si tu collectionnes les partenaires sexuels et, surtout, si tu ne passes pas de test de dépistage entre tes relations, ton risque d'être infectée sera plus élevé.

Il y a des cliniques de dépistage dédiées exclusivement aux jeunes qui offrent des services gratuits et confidentiels. Tu peux te renseigner auprès du CLSC de ta région. De plus, l'infirmière de ton école pourra aussi répondre à tes questions et faire des tests de dépistages. En cas de doute, n'hésite pas à consulter.

L'amour protégé, c'est comme porter un parapluie sous la pluie et un parasol au soleil : cela nous protège des intempéries, mais jamais des plaisirs qui viennent avec.

L'amour à l'école

Devant toute l'école

Ton petit cœur va éclater de joie et de fierté. Vous vous tenez la main pour vous rendre aux casiers. Les gens se retournent sur votre passage. Les langues se délient et les potins vont bon train. Cela ne vous dérange aucunement, vous êtes heureux et vous l'assumez!

De ton côté, tu sais que tes copines vont te harceler pour en savoir plus : « L'as-tu embrassé? », « Baisez-vous ensemble? », te demanderont-elles. Sache que tu ne dois rien à personne et que les amours à l'école ne sont pas toujours simples à gérer. Tranquillement, tes collègues et amis s'habitueront à la situation et vous regarderont de moins en moins.

Il faut par contre noter que tout ne se fait pas entre les murs d'une école. Les french kiss au beau milieu de la cafétéria ne sont pas recommandés, puisque ce n'est pas un endroit intime. Les surveillants risquent d'être assez incisifs avec vous. Un bécot discret vous servira beaucoup plus dans cette situation.

L'amour, c'est vouloir que tout le monde connaisse l'existence de ta planète Bonheur, sans permettre à tout le monde d'y mettre le pied.

Il ne veut pas qu'on se fréquente à l'école

S'il tient vraiment à son indépendance à l'école, assure-toi que ce n'est pas parce qu'il veut cacher sa relation. Il devrait normalement être attentionné et te sourire à l'occasion. S'il t'ignore à l'école, pose-toi des questions! Est-ce que ça correspond à tes Valeurs Primordiales **(VP)** et à la relation que tu désires? Il peut être ton ami ou du moins te saluer lorsqu'il te voit dans un corridor, sans que vous soyez tous les deux accrochés l'un à l'autre.

Tant qu'à être à la même école que lui, je tiens à ce qu'il me fréquente un peu, même si on n'est pas toujours ensemble.

Fréquenter quelqu'un est aussi s'attendre à avoir un statut particulier. Ton petit ami ne devrait pas être gêné de ta présence dans les alentours.

Il arrive, et c'est très compréhensible, que des personnes attendent que leur relation soit stable avant d'en parler autour d'eux. Si tu es à l'aise avec cette idée, c'est très bien, mais si tu n'es pas d'accord et que tu as besoin de t'affirmer dans cette décision, fais-le dès le début de la relation.

Je ne veux pas le fréquenter à l'école

Tes études sont très importantes pour toi et tu ne veux pas que ta vie amoureuse interfère avec ta réussite scolaire. Ton copain en profitera certainement pour voir ses amis et vous pourrez vous fréquenter le soir ou les week-ends.

Plusieurs jeunes filles ne désirent pas démontrer leurs sentiments amoureux aux yeux de tous. Elles préfèrent garder leur vie personnelle loin des jugements et des rumeurs. Sans oublier celles qui doivent travailler plus fort que les autres pour réussir à l'école. Ce sont là de multiples raisons pour revenir à ton anis et revoir tes priorités.

 Truc : Un amoureux peut très bien faire partie de ton groupe d'amis sans que vous vous embrassiez absolument ou que vous démontriez votre amour au grand jour. Amusez-vous, cela fait aussi partie de votre relation.

**L'amour, c'est mettre ses balises et, surtout,
accepter celles de l'autre.**

Fidélité et engagement

Fidélité rime avec exclusivité

Quand tu fréquentes une personne, tu ne t'attends certainement pas à partager ta place avec quelqu'un d'autre! Nous te recommandons, dès le début d'une nouvelle relation, de t'assurer que ton amoureux et toi êtes en accord sur le sujet de l'exclusivité ainsi que sur votre définition respective de la fidélité.

Pour certaines filles, leur copain n'a plus le droit de simplement parler à d'autres filles. Ce qui est, à notre avis, malsain. L'amour ne doit pas mettre ton amoureux en cage, il risquerait de tenter de s'en évader et ne plus y revenir.

L'infidélité commence là où le respect de l'engagement avec l'autre s'arrête. Pourquoi ne pas en parler dès les débuts de votre relation? Nomme tes attentes et laisse l'autre poser, lui aussi, ses balises.

1. Commence par te demander ce qui est acceptable et inacceptable pour toi.

2. Discutes-en franchement avec lui après quelques semaines de fréquentation, alors que tu seras plus à l'aise de parler de sujets intimes.

3. Engagez-vous mutuellement à respecter ce que vous avez nommé de part et d'autre.

Je pense souvent à un autre gars

Tu n'es pas encore ce qu'on appelle une personne « infidèle » simplement parce que tu penses à quelqu'un d'autre pendant que tu es en couple. Si une personne autre que celle que tu t'es engagée à aimer hante tes pensées et que tu multiplies les occasions d'être en sa compagnie, cela ne veut pas dire que tu doives paniquer et jeter tout en l'air en pensant que tu n'aimes plus ton chum !

Si tu as bien réfléchi et que tu sens que tu vas tomber dans les bras d'un autre, ne serait-il pas profitable de quitter ton copain avec respect ? Doit-il connaître tous les détails de la raison pour laquelle tu le quittes ? Adresse-toi à lui au « je ». Lui expliquer que tu n'es plus bien dans la relation, que tu cherches autre chose pourra le préparer à ce qui s'en vient. Il est préférable de faire vivre une peine d'amour en bonne et due forme à quelqu'un qu'une peine due à l'infidélité.

Une rupture laisse une trace dans le cœur, mais l'infidélité, quant à elle, laisse une crevasse dans la tête. Une personne trompée pourra rester craintive lors de ses relations futures. Aimer n'est pas être « responsable » de l'autre, mais être responsable des choix que l'on pose envers l'autre.

Depuis que j'ai embrassé un autre gars, mon chum n'arrête pas de me poser plein de questions sur mes sorties. Ce n'est plus comme avant dans notre couple. Ce n'est pas facile pour lui de me faire à nouveau confiance.

Apprendre à communiquer pour mieux aimer

Tout part de la communication

La communication est à la base même de l'amour et de l'amitié. Deux êtres humains ne peuvent entrer en contact sans communiquer, que ce soit physiquement, verbalement ou même par l'intermédiaire de l'écriture. Malgré toutes ces possibilités, savons-nous comment bien communiquer avec ceux qui nous entourent?

Te souviens-tu des pourcentages que tu as déterminés sur ton anis dans les sections suivantes: vie amoureuse et sexuelle, amis, famille, éducation, sports, loisirs, santé, travail, bénévolat et autres?

Il est évident que toutes les sphères de ta vie sont influencées de près ou de loin par la façon dont tu communiques avec les autres. Voilà pourquoi nous t'avons suggéré de retourner voir ton anis, afin que tu puisses saisir que, pour évoluer dans toutes ces sphères, tu devrais apprendre à bien communiquer tes besoins, tes désirs, tes opinions et, aussi, tes émotions.

Puisque les émotions sont rarement développées dans un texto ou un courriel, qu'il n'y a pas de chaleur humaine, de passion et de contact visuel, il est encore plus tentant d'interpréter et difficile de saisir le véritable message ainsi que l'intention de la personne qui le transmet.

L'amour, c'est s'ouvrir aux autres et à soi par les mots et par les gestes.

Les je, tu, il de la communication

Penses-y: tu as certainement déjà eu un différend (une chicane) avec quelqu'un. Lors de cet événement, as-tu seulement exprimé comment tu te sentais ou as-tu essayé d'accuser ton interlocuteur? Peut-être as-tu aussi impliqué une troisième personne dans ce différend?

Discussion entre amoureux, version 1

— <u>Tu</u> ne m'as même pas appelée hier avant de <u>te</u> coucher alors que <u>tu</u> me l'avais promis! Élodie me l'avait dit que <u>tu</u> n'étais pas quelqu'un de confiance.

— C'est pas de ma faute, c'est mon père qui a eu des billets de hockey!

— Ben, c'est ça, mets ça sur le dos de ton père! C'est quoi le rapport?

— Il m'a invité à aller au Centre Bell avec lui, pis on est partis tellement vite que j'ai oublié mon cell dans ma chambre. <u>Té</u> encore sur mon dos, pis <u>tu</u> crois tes amies au lieu de me croire!

— <u>T</u>'aurais pu m'appeler à ton retour!

— <u>Tu</u> comprends rien, c'est ça que je voulais faire, mais mon père voulait pas, il disait qu'il était trop tard. Je voulais t'en parler ce matin, mais <u>tu</u> m'es tombée dessus avant que j'aie le temps de m'expliquer.

Comme tu l'as sans doute constaté, cette première discussion s'est transformée en conflit, puisque les deux personnes s'adressent la parole en jugeant et en accusant l'autre, sans toutefois tenter de se comprendre. Elles utilisent la deuxième personne du singulier (tu) lorsqu'elles s'adressent la parole, ce qui n'est pas l'idéal. Ce malentendu pourrait être long si une des deux personnes ne modifie pas sa façon de s'exprimer.

Discussion entre amoureux, version 2

– J'ai attendu ton appel hier, avant de me coucher. Je me suis demandé ce qui faisait que tu ne m'avais pas appelée.

– Oui, je suis désolé, mon père a eu des billets de hockey et il m'a invité à aller au Centre Bell avec lui!

– Je me suis inquiétée... J'aurais aimé que tu m'appelles même si tu étais là-bas.

– C'est ce que je voulais faire, mais on est partis tellement vite que j'ai oublié mon cell dans ma chambre et la pile du cellulaire de mon père était à terre.

– Ça aurait été cool de se parler à ton retour!

– Mets-en! J'aurais aimé ça, mais mon père ne voulait pas. Il disait qu'il était trop tard. C'est justement pour ça que je venais te parler ce matin. Je ne voulais pas t'expliquer tout ça par texto.

Dans la version 2 de cette discussion, les amoureux utilisent principalement la première personne du singulier (je, j'ai) lorsqu'ils prennent la parole, ce qui leur permet plus facilement d'exprimer leurs opinions et leurs émotions dans le respect de l'autre.

La dame de pique ou la dame de cœur[29]

Lorsque tu parles à une autre personne, imagine-toi un jeu de cartes et demande-toi si tu t'exprimes en jouant la dame de pique ou la

---

29. Inspiré de : BEAULIEU, Dany. *Techniques d'impact en psychothérapie, en relation d'aide et en santé mentale*, Montréal, Les Éditions Québecor, 2010, p. 89.

dame de cœur. La dame de pique est celle qui accuse et qui juge souvent sans savoir. Elle tutoie et lève le ton, bien souvent parce qu'elle n'a pas le contrôle et qu'elle vit de l'insécurité. La dame de cœur est, quant à elle, plus compréhensive et donne la chance à l'autre de s'exprimer. Malgré son désaccord, elle n'aime pas les conflits et ne cherche pas de coupable. Elle cherche plutôt à comprendre, puisqu'elle parle avec son cœur.

Quand tu constates que tu agis comme si tu jouais la dame de pique, pose-toi la question suivante : « En quoi la situation pourrait-elle être différente si je jouais la dame de cœur ? »

> **L'amour, c'est comme jouer une partie de cartes, les problèmes se règlent souvent assis à table.**

Les mots d'ados

Les mots accueillent, mais peuvent aussi accuser et blesser. Notre langue française est si riche que nous avons la possibilité de bien faire comprendre nos émotions. Encore faut-il utiliser les bons mots et réfléchir à ce qu'on veut ou ne veut pas dire.

Les adolescents créent, depuis toujours, leur propre langage, leur propre façon de s'exprimer entre eux. Un langage que les adultes n'approuvent pas toujours. Cela semble donner de la couleur à tes conversations, mais veille à ce que ce langage ne nuise pas à tes relations et ne dépasse pas le cercle de tes amis. Je te vois mal aller chercher un emploi en disant : *Hé ! la chick ! Tsé, j'la veux, ta job... Genre !*

 Truc : Plus tu utilises des expressions inutiles, moins tu risques de bien te faire comprendre, tu vois le genre ?

Le corps doit suivre ce que la bouche affirme

T'arrive-t-il d'utiliser le double message lorsque tu t'adresses à la personne que tu aimes, c'est-à-dire que tu dis un message avec des mots pendant que ton corps exprime un message très différent ? Ce type de message contradictoire amènera assurément de la confusion dans la tête de ton partenaire, puisqu'il sentira que, d'un côté, il a ton approbation, alors que c'est tout le contraire de l'autre. Il est fort possible qu'il ait l'impression de ne pas être correct, peu importe son choix.

Le savais-tu ? Seulement 7 % des mots nous servent à faire comprendre nos messages. Ceux-ci se transmettent donc principalement de façon non verbale, soit 38 % par la voix (ton, tempo, volume, etc.) et 55 % par l'aspect physique (expressions du visage, respiration, langage du corps, etc.).

J'avais le goût d'aller écouter le hockey chez mon ami et j'ai demandé à ma blonde si cela la dérangeait que j'y aille. Elle m'a répondu : « Non, non, tu peux y aller », tout en ayant l'air vraiment bête. Je savais plus quoi faire.

As-tu souvent besoin de temps pour réfléchir avant de répondre à une question ? Peut-être aurais-tu eu envie de faire comme plusieurs et utiliser plus d'un moyen de communication (utilisation de mots et de visuel en simultané) afin de mettre toutes les chances de ton côté?

Apprendre à choisir les bons mots

Plus la situation est délicate ou importante, plus tu pourrais chercher les mots justes pour exprimer ce que tu as à dire. On ne dit pas n'importe quoi, pour ensuite le regretter et devoir s'excuser. Pourquoi ne pas te demander ce que l'autre aimerait entendre et essayer de joindre ton idée à la sienne? On appelle cela de la diplomatie.

Pour parler, il est pertinent de laisser l'autre proposer son idée et la débattre dans le cas où l'on n'est pas d'accord.

- Es-tu constamment en désaccord avec ce que les autres disent?
- Crois-tu que tu as toujours raison?
- Tu peux garder tes propres idées, sans devoir changer celles des autres.

 Truc: Ne prends que ce qui t'appartient dans chaque conversation et laisse les autres faire leur propre expérience ou leur propre opinion.

Mes amies ont toutes l'esprit de contradiction. Chaque fois que l'une dit quelque chose, les autres disent le contraire. C'est fatigant à la fin!

Communiquer, c'est écouter

Apprendre à bien écouter est la clé de la communication. Ainsi, à moins que tu n'aies envie de converser seule, tu es mieux d'ouvrir tes oreilles aux gens qui t'entourent. Nous voulons tout et tout de suite. Notre société de consommation et Internet sont en partie responsables de notre désir que tout aille vite. Je pose une question et je veux une réponse sur-le-champ!

Les gens ne sont pas des moteurs de recherche ou des encyclopédies. Ils doivent probablement réfléchir avant de donner une réponse à nos questions ou même avant d'entretenir une simple conversation avec nous. Tu voudrais qu'on réponde à tes questions seulement pour y répondre, ou aimerais-tu de la franchise et de l'authenticité?

 Truc : Lorsque tu t'es exprimée, invite l'autre à le faire à son tour (Qu'en penses-tu?) ou attends quelques secondes.

L'amour, c'est écouter ce qu'on aurait envie de dire et dire ce qu'on aurait envie que les autres entendent.

Tu l'as sur le cœur?

Garder à l'intérieur de nous des choses que nous jugeons importantes à dire peut comporter de nombreux désavantages. Cela peut causer un grand stress et donner un peu mal au ventre ou au cœur et causer des malaises plus importants à long terme, comme des brûlures d'estomac. Notre corps donne des signaux d'alarme quand les messages qu'il reçoit sont trop forts. De multiples expressions donnent raison à ces croyances telles que :

- L'avoir sur le cœur (avoir comme une petite «crotte» sur le cœur).
- Se vider le cœur (ce qui veut dire qu'elle devait en parler absolument).
- Lui faire ravaler ses paroles (lui faire regretter ce qu'il a dit).
- Tourner sa langue sept fois dans sa bouche (réfléchir avant de parler).

Bref, comme tu vois, ce ne sont pas les expressions qui manquent dans ce domaine, et le fait de t'affirmer ou pas pourrait avoir un impact sur ta santé, autant physique que psychologique. Pour finir, que penses-tu de ceux qui croient que, quand on a un chat dans la gorge, c'est que l'on s'interdit de dire une vérité à quelqu'un ? Allez, dis-le... Dis-le !

Fermé comme une huître

On dit que celui qui s'abstient de parler est «fermé comme une huître». En effet, tous n'ont pas de la facilité à exprimer leurs émotions. Sache que le silence peut aussi être une réponse. Tant qu'à dire des choses que l'on pourrait regretter, aussi bien «se fermer». Plusieurs raisons peuvent expliquer l'absence de réponse. Il se peut que ton amoureux vive beaucoup d'émotions, ce qui fait qu'il a de la difficulté à s'exprimer. Il peut aussi être à la recherche d'une réponse ou tout simplement ne pas savoir quoi répondre !

Bien que nous communiquions également avec notre corps, l'absence de réponse verbale peut nuire à la relation. Parfois, certaines personnes ne répondent pas à la question de l'autre. Plusieurs pourraient même mentir pour éviter de faire face à la personne qui pose d'incessantes questions. D'où l'importance de ne pas mettre de la pression pour te retrouver avec une réponse qui ne serait pas juste.

Truc : Si tu constates que ton chum ne semble pas vouloir répondre à l'une de tes questions, respecte son silence. Laisse-lui la chance de répondre. Il sera toujours possible de lui reposer la question un peu plus tard.

Moi, j'sais jamais quoi lui dire pour lui faire plaisir. Dans le fond, je crois que ce qu'elle veut savoir, c'est les vraies affaires. Faudrait que je m'ouvre, mais j'suis pas capable.

Quand c'est trop intimidant à dire... je l'écris !

Il fut une époque ou les lettres d'amour écrites sur du papier étaient à la mode. On prenait sa plus belle écriture et on choisissait des mots enflammés pour manifester son amour et même son amitié. On allait jusqu'à composer des poèmes et même des chansons à tout un chacun. Nous voyons encore aujourd'hui, dans les films, des gens qui, en temps de guerre, n'avaient que les lettres et les cartes postales pour communiquer l'amour qu'ils ressentaient pour l'autre.

Écrire une lettre est encore un geste remarquable. Prendre le temps de choisir les bons mots, choisir une écriture artistique, mettre de petits cœurs ou de petites fleurs, tout cela est merveilleux! N'oublie pas, par contre, que les messages manuscrits (sur papier) autant que ceux écrits sur les médias sociaux peuvent circuler. Assure-toi que la personne à qui tu écris ton message d'amour en est une de confiance et ne le montrera pas à tout son entourage.

251

Rappelle-toi que si les choses venaient à s'envenimer, il pourrait montrer ta lettre aux autres.

Proverbe français : Les paroles s'envolent, mais les écrits restent !

Truc : Optez pour un échange de lettres. Écrivez tous les deux une belle lettre d'amour ou d'amitié que vous échangerez au même moment. De cette façon, vous aurez tous les deux un message à conserver.

Types de phrases à éviter

- **Généraliser avec des mots comme «toujours» et «jamais».**

   «Tu es TOUJOURS sur mon dos.» «Tu ne m'écoutes JAMAIS.»

Truc : Évite les mots tels que «toujours» et «jamais», puisqu'ils ne sont probablement pas bien employés. La personne en question t'écoute sûrement à l'occasion.

- **Bombarder la personne de questions sans lui laisser le temps de répondre.**

   «Qu'est-ce que tu fais de bon en fin de semaine ? Est-ce que Phil sera chez toi ?»

Truc : Si tu te sens nerveuse et que tu parles rapidement, prends une grande respiration entre chacune de tes phrases ; cela te permettra de te relaxer et de laisser la chance à l'autre de participer à la conversation.

- **Faire des menaces et avertir.**

  « J'irai pas chez vous samedi si tu ne fais pas… »

 Truc : Lorsque tu es tentée de faire des menaces pour convaincre l'autre, demande-toi quel impact tu as sur cette situation.

- **Dire quoi faire, donner des ordres et conseiller.**

  « En tout cas, si j'étais à ta place, je… »

 Truc : Si la personne ne te demande pas ton avis, évite de le lui donner. Il y a probablement d'autres personnes qui lui disent quoi faire, sans que tu te joignes à elles !

 Truc : Si tu crois devoir dire ton avis (par exemple, par sécurité pour l'autre), pose la question suivante : « Est-ce que je peux te donner mon avis ? »

- **Faire la morale.**

  « Je te l'avais dit aussi que c'était pour se terminer comme ça… Si tu m'avais écoutée… »

 Truc : Si tu avais raison, la personne doit déjà le savoir ! Il n'est pas nécessaire de jeter de l'huile sur le feu, ça ne ferait qu'empirer la situation.

- **Juger et critiquer.**

  « Voir que t'as fait ça… T'es donc bien con ! »

 Truc : Pense aux raisons pour lesquelles la personne a agi de cette façon, bien que tu ne sois pas en accord avec elle.

- **Comparer une personne à quelqu'un ou à quelque chose.**

  «Avec mon ex, c'était pas mal plus cool...»

   Truc : Nomme tes attentes et ce qui est important pour toi et arrête-toi là!

- **Rabaisser et ridiculiser.**

  «Tu coules en français! Pourtant, c'est tellement facile!»

   Truc : Si tu penses que tes propos pourraient blesser l'autre et que tu doutes de leur utilité, abstiens-toi!

- **Être impatient avec une personne qui ne comprend pas.**

  «Laisse faire... Tu ne peux pas comprendre!»

   Truc : Prends une bonne respiration et explique la même idée de façon différente.

As-tu déjà remarqué ce que l'utilisation de ces types de phrases provoquait chez la personne avec qui tu discutais? Même si tu n'avais pas l'intention de l'attaquer, il est fort probable qu'elle s'est mise sur la défensive.

Trucs pour communicatrices astucieuses

- Choisir le bon endroit et le bon moment pour parler.
- Parler calmement.
- Écouter sans interrompre.
- Accepter les silences de l'autre.
- Réfléchir avant de répondre.
- Respecter les idées de l'autre.
- Nommer tes besoins et tes attentes.

Les partys

On s'aime, donc on s'invite !

Depuis la nuit des temps, l'amitié se manifeste souvent en groupe. Il y a des millions d'années, les gens dansaient en groupe autour d'un feu et, encore aujourd'hui, nous pratiquons des danses et des célébrations autour de cet élément. Les époques passent, et les humains ont encore besoin de se réunir pour fêter et s'aimer.

Les soirées entre amis, qu'on appelle communément les « partys », donnent souvent lieu aux plus belles démonstrations d'amour. Toutes les raisons sont bonnes pour célébrer l'amitié et démontrer l'amour que l'on a pour ses amis, en plus de s'en faire de nouveaux. Que ce soit un simple repas ou une soirée endiablée au son de la musique d'un D.J., on fête pour démontrer que l'on est heureux d'être ensemble.

Youpi ! Je suis invitée chez Noah !

Quelle période merveilleuse que celle où l'on pensera à t'inviter dans ces partys ! Tes parents appréhendent probablement ce moment, pour l'avoir fait vivre à leurs parents. Ils sont au courant de la « galère » dans laquelle tu t'embarques. Voilà le vrai début des négociations avec tes parents. Parler de tes projets avec eux démontrera de la maturité et créera un lien de confiance. Tu ne sais jamais quand tu auras besoin d'eux.

Tous les jeunes n'apprécient pas les soirées « de sous-sol », car plusieurs jeunes ne sont pas friands des soirées « obscures » organisées chez l'un et chez l'autre. Ils ne sont pas toujours à l'aise avec ce qui s'y passe concernant l'alcool, la drogue ou le sexe, mais attention ! Il y a des partys qui valent la peine d'être organisés et qu'on ne voudrait pas manquer.

En fait, un party ressemble à son organisateur, tant par le choix des invités que par le choix des choses à y faire. On va dans un party avec l'intention de s'y amuser. Si tu n'en as pas envie et que tu attends qu'on fasse tout pour toi… reste chez toi !

Déjà lu sur une invitation : « Nous fournissons la liqueur, le popcorn et les croustilles, et toi, tu n'as qu'une chose à apporter : ton fun ! »

La grande séduction

Convaincre tes parents de te laisser aller dans une première soirée de jeunes oscille entre la grande séduction et la grande négociation. Plusieurs éléments entrent en ligne de compte. Nous allons donc essayer de simplifier les choses, car les règles sont normalement assez simples.

- Tes parents devraient connaître la personne qui organise la soirée.

- Ils voudront aussi connaître le lieu et dans quel cadre se déroule cette rencontre.

- Ils exigeront probablement que des adultes responsables (parents) soient présents.

- Peut-être que tes parents voudront leur parler, pour valider certains détails.

- Ils voudront savoir s'il y aura de l'alcool, de la drogue, des jus énergisants ou autre.

- Ils voudront peut-être savoir s'il y aura des personnes (surtout des gars) que tu ne connais pas.

- Ils voudront aller t'y conduire et, surtout, aller t'y chercher, peu importe l'heure.

- Ils émettront aussi des recommandations sur les vêtements à porter ce soir-là.

- Tu devras peut-être les appeler une fois arrivée au party pour leur assurer que tout se passe bien.

- Prends le temps d'écouter leurs cinq… euh, dix… ou même vingt conseils et avertissements.

Un conseil : Accepte tout cela et, surtout, ne leur mens pas ! Tout comme toi, tes parents grandiront dans cette expérience et te laisseront probablement plus d'espace au fur et à mesure que d'autres partys se présenteront. Ce n'est certainement pas en toi qu'ils n'ont pas confiance, mais en les autres.

Mes parents veulent que je rentre à 22 heures et moi, à minuit. On s'est entendus pour 23 heures.

Catastrophe, je ne suis pas invitée chez Noah !

On semble oublier ton nom sur les listes d'invités ? Tu aimerais te faire de nouveaux copains et tu ne sais pas par où commencer ? Comment faire pour changer cela ? Il te faut d'abord savoir comment on choisit les gens que l'on invite dans une réunion d'amis.

Qu'est-ce qui fait qu'on choisit d'inviter quelqu'un?

- Quelqu'un qu'on connaît vraiment.
- Quelqu'un avec qui on a du plaisir.
- Quelqu'un qui ne fait pas de trouble.
- Quelqu'un qui s'implique.
- Quelqu'un que les parents de l'organisateur connaissent aussi.

Il existe plusieurs raisons pour lesquelles on choisit d'inviter une personne plutôt qu'une autre. Sans juger l'un ou l'autre, t'est-il déjà arrivé de penser que la simple raison pour laquelle tu n'étais pas invitée est le nombre de personnes permis par les parents (un nombre limité)? Peut-être croit-on à tort que tu n'aimes pas les partys? Alors, pourquoi ne pas organiser toi-même un événement? En faisant cela, tu comprendras les multiples décisions à prendre quand il s'agit de sélectionner les amis à inviter.

 Truc: Profites-en pour inviter dans ton party la personne chez qui tu aimerais être invitée à l'avenir.

Deviens une « super » organisatrice

Fais en sorte de devenir une excellente organisatrice! Comme les plus grands organisateurs de soirées, tu devrais t'associer avec les personnes les plus performantes, mais qui sait? Peut-être en feras-tu une profession? O.r.g.a.n.i.s.a.t.r.i.c.e. d'événements, WOW!

- **Quatre éléments:** invités, budget, ambiance et sécurité.
- **Invités:** Choisir les invités en fonction de leurs goûts, de leur âge, de leur lien et de leur personnalité.
- **Budget:** Qui paie? Qui apportera des mets? Combien coûteront le décor, la musique, l'éclairage?
- **Ambiance:** Choisir le thème qui va avec les invités et l'endroit approprié.

- **Sécurité:** Les parents et voisins sont-ils avertis? La musique sera-t-elle forte?

En tenant compte des «problèmes» qui peuvent survenir, fais ton plan d'organisation avec tes parents ou une personne en qui tu as confiance.

 Truc: Cours le risque d'inviter quelqu'un de nouveau dans tes partys, cela créera de l'intérêt et changera chaque fois la dynamique.

Miss animation

Te souviens-tu du jeu Twister, avec lequel tu t'amusais quand tu avais huit ans? Eh bien, voici l'occasion de lui donner une deuxième vie tout en riant avec tes copains. Se retrouver le visage collé sur le genou de ton *kick* peut être à la fois excitant et drôlement gênant! (rires)

Organise un concours de chaises musicales, mais remplace les chaises par le genou de tes amis. Totalement déstabilisant!

Tes amis sont des athlètes? Organise une pêche à la cerise dans de la crème fouettée. La personne doit faire un *push-up* sur une seule main. Lorsqu'elle arrive au-dessus d'une assiette remplie de crème fouettée, elle doit ramasser la cerise avec sa bouche, sans tomber le visage dans la crème. Parions que plusieurs feront exprès de manquer de bras…

Essaie la même chose avec de la farine et une pomme. Remplis une assiette de farine et dépose une pomme sans pelure au centre. La personne doit se placer à genoux devant l'assiette et aller chercher la pomme avec sa bouche. Si la pomme tombe, la farine se soulèvera et lui recouvrira le visage.

Si le party est à l'extérieur, pourquoi ne pas planifier une guerre de ballons d'eau? Un tir à la corde, un lancer d'œufs frais?

Exemples de thèmes pour événements réussis

- *Beach party* ou *party* hawaïen.
- Soirée de cinéma (films d'horreur, d'humour, d'amour).
- Soirée de filles (coiffure, maquillage et manucure).
- Soirée costumée ou à thème (de jeux vidéo, superhéros, etc.).
- Soirée cupcakes, où l'on cuisine de délicieux desserts.
- *Party* de défis sportifs, où les invités doivent relever des défis en équipe, et dont le seul but est d'avoir du plaisir et de rire.
- Soirée de groupe musical ou de karaoké, où ceux qui ont des talents musicaux, tout comme ceux qui en ont moins, s'en donnent à cœur joie pendant que les autres les encouragent ou sont découragés.

L'amour, c'est agir en superhéros et aller se coucher comme une rock star !

L'art de recevoir

Recevoir nos amis, c'est aussi leur montrer combien on les apprécie et combien on les aime. Prendre soin de respecter les voisins ou nos parents dans l'opération, c'est la même chose. Voici des trucs pour recevoir convenablement et, surtout, sans stress inutile.

Deux semaines avant (minimum)

- Vérifie l'intérêt et la disponibilité de tes amis quant à leur participation au *party*.
- Tes parents sont-ils d'accord pour que tu organises cet événement ?

– Invite tes amis de vive voix, par courriel ou en message privé par réseau social. (Ne mets pas l'invitation sur ta page Facebook ou dans un endroit public.) Cela évitera que certaines personnes s'invitent d'elles-mêmes.

Depuis que je prends le temps de mieux organiser mes soirées, je sens que mes parents me font plus confiance, car mes amies peuvent rester plus tard!

Une semaine avant (minimum)

– Achète les éléments d'animation (tout achat autre que la nourriture).

– Prépare la pièce ou l'endroit où se déroulera l'événement (si possible).

– Vérifie tes confirmations et assure-toi que les parents de ces invités sont d'accord.

De trois jours à quelques heures avant

– Va avec un adulte acheter ce qu'il faut pour ton party (nourriture et breuvages).

La veille de la soirée

– Fais un test de son, vérifie tes équipements électroniques et les éléments d'animation.

Le jour même

– Finalise la préparation de la pièce où se déroulera la soirée.

– Prépare un endroit où tes amis pourront mettre leurs effets personnels (manteaux).

– Inscris le nom de chaque ami sur un verre de plastique qui leur est destiné pour la soirée ou demande-leur d'écrire un mot qui les représente ou de faire un dessin.

– Prévois une poubelle de bonne grandeur pour les déchets.

– Détermine la salle de bain qu'ils devront utiliser (s'il y en a plus d'une).

– Accueille toi-même tous tes invités lorsqu'ils arrivent.

– Raccompagne toi-même tous tes invités à la porte lorsqu'ils partent.

Pour un party et un après-party sans problème

Puisque se retrouver avec des amis pour une soirée ou un événement a pour but de créer et de partager des liens d'amitié en toute sécurité, nous sommes convaincues qu'il est possible de s'amuser sans devoir consommer de l'alcool, de la drogue, ou sans en abuser. Voici une liste de situations qui font que des parents s'inquiètent ou que des jeunes peuvent se retrouver en mauvaise posture.

Alcool. Il est interdit d'inciter des jeunes de moins de 18 ans à consommer de l'alcool.

Les parents qui reçoivent chez eux peuvent se faire poursuivre en justice si d'autres parents décident de porter plainte.

Consommation abusive. Le calage d'alcool peut causer des dommages importants à quelqu'un.

Le jeune qui boit une grande quantité d'alcool en très peu de temps éprouvera probablement des malaises tels que des maux de cœur, des vomissements et des étourdissements. Dans des situations extrêmes, une personne pourrait sombrer dans le coma et en mourir.

Drogue. Il est interdit de consommer de la drogue, que l'on soit adulte ou mineur.

Tu dois absolument te tenir éloignée des drôles de cigarettes, des pilules suspectes, et ce, même si tu en connais la provenance, puisque c'est un ami qui te l'offre.

Le mensonge. On te demandera de cacher des faits à tes parents (pour ne pas les inquiéter).

Tu sais très bien qu'ils risquent de découvrir la vérité un jour ou l'autre et de ne plus te faire confiance par la suite.

Types de personnes. Le mélange des âges et des genres de jeunes qui participent à un party.

Il n'est pas facile de plaire à tout le monde, surtout lorsque l'écart d'âge est grand.

La jalousie. Une crise de jalousie peut immanquablement casser un party.

Le chum d'une amie regarde une autre fille, ou un gars te fait des avances devant ton copain.

Les batailles. Deux personnes décident de se battre pour on ne sait quelle raison.

La fatigue, les hormones, la jalousie et l'alcool sont des raisons suffisantes de déclencher une bagarre pour certaines personnes.

Pas d'activités. Rien n'est prévu, pas de film à regarder ou de jeu pour s'amuser.

Ce n'est pas drôle de ne rien faire quand tu as envie de t'amuser et de dépenser ton énergie.

Les parents qui «pètent une coche». Des amis ont menti à leurs parents à propos du party.

Personne ne voudrait voir des parents débarquer sans prévenir et faire une crise au milieu d'une soirée.

La musique. La musique est souvent source de conflits et ne peut satisfaire les goûts de tous.

Pas facile de jouer les D.J. et de prendre cette responsabilité quand tout le monde chiale.

Bruit et cris excessifs. Il est difficile de contrôler le voyage du son, qui peut déranger les voisins.

L'humidité, le vent et le mode de dispersion font que le son peut déranger plus que tu ne le crois.

Les heures à respecter. Dans toutes les villes, il y a des heures à respecter. Renseigne-toi.

Les heures pour le droit de bruitage excèdent rarement 22 ou 23 heures, le soir, même si vous êtes à l'intérieur de la maison. Par contre, si quelqu'un porte plainte, les agents de la paix ont le choix de vous demander de baisser la musique, et ce, même avant les heures suggérées par la municipalité.

Les open partys. Vous deviez être douze et vous êtes soixante-quinze, dont quarante-deux inconnus !

Vous avez cinq minutes pour appeler la police... et vos parents pour qu'ils viennent vous chercher.

La police. Il doit y avoir des adultes RESPONSABLES, cela ne veut pas dire des irresponsables de 18 ans. Si la police se pointe et que les propriétaires de la maison sont absents, vous risquez d'avoir des problèmes si vous y êtes.

Les dégâts, les bris, le ménage. Qui paie si vous brisez quelque chose ?

Certainement pas l'enfant chéri des parents qui vous reçoivent. Il va probablement vous accuser...

Tout party a un prix. Qui va payer la nourriture et les breuvages ?

Avant de te pointer à une soirée, assure-toi de payer ta part pour la nourriture ou demande si tu peux contribuer en apportant quelque chose pour éviter de te sentir mal à l'aise plus tard.

Défis et initiations. On te mettra peut-être au défi de faire des choses inhabituelles ou contraignantes. Tu ne dois rien accomplir sous la pression du moment ou pour épater la galerie.

Abus sexuel. Sois prudente si on tente de te faire consommer; ce pourrait être pour abuser de toi. Il arrive de voir des filles se retrouver en mauvaise posture à la suite d'un party.

Ta réputation. Est-ce que tu es avec un bon groupe ou une gang non recommandable?

Choisis le bon party et les bons amis, de façon à pouvoir vraiment t'amuser.

Médias sociaux. Prendra-t-on des photos peu recommandables durant la soirée?

Les mettra-t-on sur Facebook ou sur d'autres médias sociaux?

Dettes de sommeil. Le manque de sommeil risque-t-il de compromettre le reste de ta semaine?

Peut-être que tes amis n'ont pas à se lever pour leur cours de natation le lendemain, alors que toi, oui.

Témoignage :
La trousse de survie de party
de Marigil Émonds

Parce que plusieurs d'entre vous commencez à penser à votre bal des finissants, nous sommes heureuses de vous présenter cette jeune femme dynamique qui avait envie de te donner des trucs et des astuces pour te permettre de t'amuser sans souci. Voici donc son témoignage :

Lorsque tu assistes à un party ou si ton amoureux t'invite à l'accompagner à son bal des finissants, certains petits trucs peuvent t'être utiles.

J'ai aujourd'hui 21 ans et j'étudie pour me diriger en sexologie, comme l'a fait Annie Germain. Quand Sandra et Annie m'ont offert de participer à leur livre, je me suis dit que je te parlerais du plaisir, celui que nous avons d'être en sécurité, tout en nous amusant dans les nombreux partys auxquels nous sommes invitées !

J'ai vécu une expérience de bal et un après-bal réussis en ayant ces petits outils sous la main, et j'ai évité des situations dramatiques à plusieurs de mes amies qui n'avaient pas toutes pensé à ces petits imprévus...

Pour le bal des finissants, il est possible que tu aies mis des heures et beaucoup d'énergie dans la préparation de cette seule journée. Je te présente donc un petit côté léger et un petit côté un peu plus salé de la journée du bal et de l'après-bal afin que tu puisses t'y préparer (et rassurer tes parents) le mieux possible. Voici mon petit côté sucré :

Comment demeurer impeccable pour le bal, et ce, même après plusieurs heures (objets à glisser dans ton sac) :

- Ton rouge à lèvres ou ton *brillant à lèvres* (après le cocktail et le repas, il se peut que tu aies à faire quelques retouches);

- Une poudre compacte (pour te repoudrer si ton front ou ton menton brillent plus qu'ils ne le devraient, car cela paraît beaucoup sur les photos, j'en sais quelque chose!);

- Un vernis à ongles transparent et une lime à ongles (si tu fais une maille dans ton collant, mets un peu de vernis sur le trou, ça évitera qu'il ne s'agrandisse);

- Du détachant instantané (ex.: Tide to Go) (si tu fais une tache sur ta robe claire, il t'aidera à la faire disparaître);

- Des diachylons (dans tes talons hauts, tes pieds risquent de souffrir un peu, évite les ampoules en te munissant de petits pansements et prévois deux paires de souliers pour les changer en cas de douleur);

- Des serviettes hygiéniques et des tampons (au cas où), ça peut aussi arriver dans ces moments-là!!!

Le côté salé ou quand l'après-party devient plus important que le reste.

Durant une bonne partie de mon secondaire, j'ai pensé à ce jour où je deviendrais la princesse d'un soir. Jamais je n'avais imaginé qu'il y avait tant de responsabilités qui venaient avec cet événement.

Pour l'après-bal ou un party où tu risques de dormir chez la personne qui organise le party, mets dans ton sac :

- Trois condoms (si l'un de vous deux met le condom à l'envers, il faut le jeter ; les condoms seront toujours utiles si l'un d'eux se déchire pendant que vous faites l'amour, si vous avez le goût de recommencer. Bien sûr, ce conseil vaut si vous êtes rendus là, ton copain et toi !) ;

- Brosse à dents, dentifrice, savon pour le corps, antisudorifique ;

- Étui à verres de contact (si tu en portes) ou tes lunettes ;

- Des lingettes démaquillantes (tu peux en trouver à la pharmacie en format « échantillon ») ;

- De la gomme ou des menthes ;

- De l'acétaminophène (ex. : Tylenol), de l'ibuprofène (ex. : Advil) et des comprimés contre la nausée (ex. : Gravol) pour les lendemains un peu difficiles ;

- Une bouteille d'eau fraîche et une barre tendre.

Finalement, garde un œil sur tes amies et sur ce qu'elles font, surtout si elles ont l'intention de consommer de la drogue et de l'alcool. Tu peux aussi leur demander de faire la même chose pour toi !

Marigil

Amour et dépendance à l'alcool et aux drogues

Est-ce que des gens te font consommer?

Des gens ont-ils l'intention de te faire boire ou de t'aider à te procurer de l'alcool ou de la drogue? Si une personne te fournit de la drogue ou de l'alcool, c'est peut-être pour ensuite te demander certaines faveurs. Certes, nous savons que plusieurs jeunes consomment, mais ont-ils plus d'amour et de respect en retour?

T'es-tu déjà demandé ce qui motive les jeunes à consommer? Est-ce pour être moins timide? Pour se faire accepter? Pour avoir l'air cool ou plus vieux que leur âge? Pour défier l'autorité ou pour vivre des expériences nouvelles? Les raisons sont multiples et les complications peuvent l'être aussi.

> Au fond, boire ce n'est pas si cool que ça, surtout quand tu termines le party en tête-à-tête avec le bol de toilette. Il y a plus romantique que ça comme fin de soirée!

La dépendance à l'alcool n'est pas que pour les adultes; plusieurs développent cette maladie avant l'âge de 18 ans. Cela vient en partie du fait de consommer sur une base régulière. Des gens pourraient avoir avantage à ce que tu développes une dépendance afin qu'ils puissent profiter de toi.

 Truc : Si tu sais qu'il y aura de la drogue ou de l'alcool, attends un peu et arrive lorsque le party est commencé (plus de 30 minutes après l'heure prévue). Les gens auront commencé à consommer et tu pourras t'amuser sans qu'on t'observe.

 Truc : Trouve une autre personne qui, comme toi, ne veut pas consommer. De cette façon, tu auras une alliée (ou un allié).

Problématique ou pas

Tes amis désirent aller au skatepark dans le but de fumer un joint, alors que toi, tu n'en as pas envie. Pourquoi ne pas proposer une autre activité telle qu'aller au cinéma? Le meilleur moyen d'éviter de consommer est d'essayer de ne pas se retrouver dans des situations propices à la consommation. Si tes amis t'aiment, ils respecteront ta décision de ne pas t'y rendre.

Tu prends de l'alcool ou des drogues et tu te demandes si ta façon de consommer est problématique ou non? Te reconnais-tu dans les lignes qui suivent? Voici quelques questions qui pourront t'aider à évaluer ta situation[30] :

- Est-ce que tu consommes pour te faire aimer de quelqu'un ou d'un groupe?

---

30. Gouvernement du Québec, Santé et Services sociaux. *Comment savoir quand la consommation devient problématique?*, 2013, [En ligne] [www.parlonsdrogue.com/fr/questions-reponses/comment-savoir.php] (page consultée le 15 octobre 2013)

- Dépenses-tu principalement ton argent de poche ou tes écono-mies pour l'achat de ce type de substances?

- Ressens-tu le besoin de boire ou de fumer pour être moins gênée et avoir le courage de parler aux autres?

- Penses-tu souvent à consommer, même pendant tes cours à l'école?

- As-tu le goût de consommer même lorsque tu es seule?

- Ton activité principale est-elle de boire ou de fumer?

- As-tu délaissé des amis qui ne consomment pas?

Sébastien, mon ex, m'a déjà dit: « Ne viens pas au skatepark, ce n'est pas un endroit pour toi. Je crois qu'il m'aimait beaucoup! »

Si tu réponds oui à l'une de ces questions, il n'est pas trop tard pour demander de l'aide. Uti-lise une des ressources à la fin de notre livre. L'amour, c'est aussi aller chercher de l'aide, par amour de soi et par amour pour les autres.

Mon chum abuse de certaines substances

Bon nombre d'adolescentes ne sont pas d'accord avec la relation qu'entretient leur chum avec certaines substances illicites. Si tu t'inquiètes de certains des comportements de ton amoureux, n'hé-site pas à en parler avec un intervenant de ton l'école ou à joindre un centre de prévention des toxicomanies, question d'être mieux ren-seignée et de trouver réponse à tes questions.

C'est aimer quelqu'un que d'être capable d'appuyer sur la son-nette d'alarme. Tu pourras vraiment l'aider seulement si tu as des gens qualifiés pour gérer ce genre de situation avec toi. La personne que tu veux aider doit d'abord vouloir s'aider elle-même et croire en ton amitié. Essaie de la convaincre de faire l'exercice de l'anis étoilé. Elle verra comment sa vie a basculé du mauvais côté.

**L'amour, c'est savoir reconnaître la détresse
et ne pas essayer de l'enrayer soi-même.**

Amour, plaisir et santé

Voici des solutions de remplacement dans un concept «plaisirs santé». La philosophie derrière le concept est de cibler les situations où tu as du plaisir en agissant sainement. Qu'est-ce qui te rend vraiment fière de toi et te procure du plaisir sans souci?

- Pratiquer une activité sportive;
- Faire des activités artistiques (création de bijoux, écriture, photo, théâtre, etc.);
- Se joindre à un groupe (une équipe de volley-ball, un club d'échecs, une équipe d'impro, etc.);
- T'inscrire à un nouveau cours (de guitare, de danse, de peinture, etc.);
- Lire un bon livre (le nôtre);
- Faire du bénévolat;
- T'impliquer à ton école.

Les drogues et l'alcool au Québec pour les moins de 18 ans

Le savais-tu? Nous constatons qu'il y a des jeunes qui prennent de la drogue pour être acceptés par leurs amis ou pour faire réagir leurs parents. Non seulement ça ne fonctionne pas nécessairement, mais ça fait en sorte que le consommateur n'est plus responsable de son propre bonheur, puisqu'il remet cette responsabilité entre les mains de ses amis.

Plusieurs conséquences négatives sont associées à la consommation d'alcool ou de drogues, et affectent les adolescents. Les trois principaux impacts rapportés par les filles sont les problèmes d'argent, les effets négatifs sur les relations d'amour ou d'amitié et les difficultés psychologiques[31].

Le savais-tu? Environ 13 % des femmes âgées de 12 à 19 ans fument la cigarette tous les jours ou à l'occasion[32].

Les stimulants sexuels

Ce qui, à la base, était destiné aux adultes pour régler des problèmes d'ordre sexuel est devenu un marché lucratif auprès de certains jeunes. Quand tu sors avec tes amies, surveille les réactions d'une fille. Si elle devient vraiment «agace» et se conduit bizarrement, préviens le responsable de la soirée. N'en faites pas un plat et sortez-la de là! Si tu crois qu'elle a été agressée sexuellement, il est important de vous rendre à l'hôpital avec elle dans les 24 heures.

Quand on aime, on n'a pas besoin de stimulant, puisque notre corps répond naturellement au message qu'il reçoit. L'amour, ça déclenche une foule de petites réactions qui s'enchaînent jusqu'à faire palpiter le cœur et réagir le corps.

J'ai pas envie qu'une fille veuille de moi juste parce qu'elle a pris quelque chose. Je veux qu'elle en ait vraiment envie.

---

31. Fichier maître de l'Enquête québécoise sur la santé des jeunes du secondaire (EQSJS) 2010-2011.

32. Fichier de microdonnées à grande diffusion de 2009-2010 de l'Enquête sur la santé dans les collectivités canadiennes (ESCC).

Ceux qu'on appelle les « gangs »

Comment te faire organiser

Plusieurs jeunes filles en manque d'amour et d'attention deviennent des cibles potentielles pour des personnes qui recrutent pour les gangs criminalisés. Ils savent comment faire pour donner le goût de les suivre. Ils donnent des cadeaux, ils multiplient les promesses. Ils font partager du temps avec les autres filles qui sont au « service » des hommes du groupe en laissant croire qu'elles sont heureuses d'en faire partie.

Il y a des gangs de rue dans presque toutes les villes du Québec et ils ont tous un mode d'exploitation semblable. On se sert de filles très belles et très gentilles pour attirer d'autres filles. On gâte la jeune victime, on lui donne des privilèges et on éloigne doucement les gens qui tiennent à elle.

Ensuite vient l'initiation qui commence souvent par une agression sexuelle collective ou une autre tragédie du genre. La fille peut avoir tellement honte qu'elle ne veut plus voir sa famille et là commence sa servitude (être à leur service).

> **L'amour, c'est avoir des amis sur qui compter
> et non qui comptent sur toi pour abuser.**

Agis pendant qu'il est temps

Ces groupes se tiennent là où les jeunes se tiennent. Sois prudente avant de laisser une nouvelle personne un peu trop épatante entrer dans ta vie. Tu sais, le genre de personne qui semble sortie d'un scénario de cinéma… presque irréel. Renseigne-toi sur elle, car il arrive que l'hameçon soit un gars hyper beau et hyper fin. C'est à en perdre ses **V**aleurs **P**rimordiales, tes **VP**…

Rappelle-toi tes **VP** et ton tatouage intérieur lorsqu'on te propose de faire une chose avec laquelle tu n'es pas en accord. Serais-tu gênée si tes parents apprenaient ce que tu fais de tes soirées? Es-tu encore capable de t'en sortir toi-même ou as-tu besoin de l'aide de quelqu'un?

Si tu as dû te poser la question ou si tu redoutes la réponse, il est grand temps d'agir. Réfère-toi aux ressources à la fin de cet ouvrage.

 Truc : Cible les minces occasions qu'on te laisse pour essayer de t'en sortir et, surtout, rappelle-toi que plusieurs s'en sont sortis avant toi.

Nos parents, nos amours

Rôle des parents

Beau rôle ou mauvais rôle, tes parents font partie du film de ta vie. Peut-être as-tu parfois l'impression qu'ils ont omis de lire le scénario de ta vie et qu'ils improvisent? Cela n'en fait pas des acteurs moins importants, au contraire! L'improvisation donne, à l'occasion, des résultats aussi hilarants qu'extraordinaires! Tout comme tu es en apprentissage à l'école, eux le sont dans leur rôle de parents. Même s'ils sont parfois maladroits, ils veulent ton bien et font leur possible avec ce qu'ils croient juste et bon pour toi.

Certains adolescents se demandent ce qui fait qu'ils ont des parents tels que les leurs. À leurs yeux, ils semblent ne rien avoir en commun avec d'autres parents, et être avec des personnes bien différentes... Que tu sois d'accord ou non avec certaines de leurs valeurs, certaines de leurs paroles et certains de leurs comportements, ils ont la grande et belle tâche, tantôt facile, tantôt moins facile, de t'accompagner pour devenir une adulte autonome et responsable. Donne-leur une chance: fais équipe avec eux à l'occasion et fais-leur confiance!

> **L'amour de nos parents, c'est comme une marina pour bateaux : on est content de la quitter pour prendre le large et encore plus content d'y revenir pour se reposer.**

L'autorité parentale, petits maux, grands moyens

L'autorité parentale, ce sont des droits et des obligations qui, de par la loi, font en sorte que les parents doivent et ont le droit, jusqu'à ce que tu aies 18 ans…

– d'avoir la garde de leurs enfants ;

– de les surveiller ;

– de les protéger physiquement et psychologiquement ;

– de veiller à leur sécurité et à leur santé ;

– de les éduquer ;

– de les nourrir.

Les parents ont le droit de décider de l'endroit où vont vivre leurs enfants, d'accepter ou non pour eux des soins de santé et de leur transmettre leurs croyances religieuses. Dans le cas d'une séparation, c'est la personne qui en a la garde qui doit prendre ces décisions.

Une règle dont nous avons parlé précédemment ressort de ces droits et obligations de la part des parents. C'est le droit pour un enfant de 14 ans et plus d'accéder à des soins de santé ou de les refuser lui-même[33], sans l'autorisation de ses parents.

---

33. Educaloi. Le consentement aux soins d'un mineur de 14 ans et plus, 2013, [En ligne]. [http://www.educaloi.qc.ca/capsules/le-consentement-aux-soins-dun-mineur-de-14-ans-et-plus] (page consultée le 15 octobre 2013)

Un brin d'humour

— Ta mère est gentille.

— Souvent, mais pas toujours.

— Ben... personne n'est toujours gentil.

— Toi, oui!

— ...

Pour t'aider à mieux t'entendre avec tes parents

1. Prends le temps d'écouter ce que tes parents ont à dire en étant vraiment attentive à leurs propos. Ce n'est pas le temps, par exemple, de répondre à un texto, de regarder la télé ou de lever les yeux en l'air!

 Truc : Garde en tête qu'ils veulent te simplifier la vie par amour.

2. Demande-toi quelle est leur intention positive, qu'est-ce qui fait en sorte qu'ils ont cette opinion-là? Ont-ils peur pour toi? Ta demande va-t-elle à l'encontre d'une de leurs **VP ?**

Truc : Mets les jugements de côté et fais preuve d'ouverture. Tu sais, il y a plusieurs façons de voir une même situation. Plus tu feras preuve d'ouverture, plus ils seront tentés de faire la même chose envers toi.

3. Prends du recul face à ce qui se passe. Pour ce faire, tu peux t'imaginer dans la position de tes parents. Assure-toi également que tu ne vois pas la situation plus importante ou plus grave qu'elle ne l'est réellement.

 Truc : Prends le temps de réfléchir et de te calmer si tu as tendance à t'emporter. N'oublie pas que ceux qui crient et s'emportent ont déjà perdu la partie.

4. Exprime ton opinion clairement à tes parents en utilisant le plus possible les mots qui décrivent vraiment ta pensée. Il est important de tenir compte de l'intention positive de tes parents et de leurs besoins pour ensuite nommer les tiens. S'il y a lieu, négocie un compromis.

 Truc : Quand une situation est liée à ton tatouage intérieur et qu'elle est vraiment importante pour toi, exprime tes arguments! Quand c'est peu important, n'insiste pas et tu auras alors de fortes chances que tes parents soient davantage à l'écoute lorsque tu argumenteras.

5. Assure-toi de finir la discussion sur une note positive.

 Truc : Peu importe le compromis ou la décision finale, pose-toi la question suivante: qu'est-ce que cette discussion m'a permis d'apprendre sur notre relation, sur mes parents ou sur moi-même?

Les parents, aimants ou « contrôlants »

Tu as l'impression que tes parents sont toujours sur ton dos, qu'ils sont trop sévères avec toi ou qu'ils ne te laissent pas de liberté? Probablement qu'ils cherchent à te protéger, et c'est normal. C'est une façon pour eux de s'assurer que ton adolescence se passe bien et aussi de te démontrer leur amour.

Alors qu'eux ont besoin d'être rassurés, toi, tu as besoin de liberté et d'indépendance. Plus tu tenteras de les comprendre, plus il te sera facile de bénéficier de moments de liberté. Tu sais, la confiance est longue à gagner et elle peut être facile à perdre.

Un brin d'humour

— Mes parents sont toujours sur mon dos.

— Ah bon! Je ne les vois pas pourtant!

— ...

L'amour, c'est laisser assez de liberté à quelqu'un pour qu'il réalise qu'il est rendu trop loin et revienne de lui-même vers nous.

Divorce non attendu

Mauvaise blague ou cauchemar? Tes parents se séparent. Ils ne sont pas fous, ils ont juste envie d'être heureux. Tu n'as peut-être pas remarqué que quelque chose n'allait pas. Ce n'est pas parce qu'il y a peu de conflits dont tu es témoin que le bonheur règne. Plusieurs parents vivent des drames personnels sans les exposer à leurs enfants. Ce qui, en passant, est tout à fait normal. Lorsque tout éclate, voilà que les enfants se retrouvent devant le fait accompli.

Comparons cette situation au moment où tu t'éloignes d'une très bonne amie, sans savoir nécessairement pourquoi. Est-ce que vous avez, ton amie et toi, évolué différemment? Auriez-vous emprunté des chemins différents qui ont mené à votre séparation? Les divorces ne sont pas tous teintés de grands drames et d'amertume. Cela ne veut pas dire que cette période ne sera pas houleuse.

Quand le pire sera passé (ou pendant que la tempête gronde), nous t'invitons à te poser la question suivante: serais-tu capable à toi seule de combler les besoins personnels de ta mère (ou de ton père)? La réponse sera assurément non.

Donc, si après réflexion, ils choisissent de mettre un terme à leur relation, ils ne choisissent pas de mettre un terme à votre relation, c'est-à-dire à la relation que tu as avec chacun d'eux. Vous resterez une famille, différente, mais une famille tout de même.

Les parents de famille monoparentale

Pour les parents, il n'est pas facile de se refaire une vie avec des jeunes autour de soi! Au début de cette nouvelle relation, les parents peuvent se retrouver en déséquilibre, puisque plusieurs voudraient avoir plus de temps avec leur nouvel amour. Ils doivent tout de même aménager leur horaire dans l'instant présent pour répondre aux besoins de leurs propres enfants.

Il y a plusieurs avantages à faciliter notre parent à vivre dans sa nouvelle vie. La première, parce que nous avons envie qu'il ou qu'elle soit heureuse en amour, mais aussi parce que toute personne arrive normalement avec un bagage positif et de bonnes intentions.

En plus, ton parent semble revenir à son adolescence dans son comportement. N'est-ce pas la meilleure occasion pour lui parler de sentiments et même de vie amoureuse et sexuelle? Fais le choix de voir la vie du bon côté et profites-en pour accompagner ton parent dans cette expérience merveilleuse qu'est la chance d'être en amour et heureux.

Quand ma mère a rencontré Jules, elle m'a dit: « Je ne partagerai pas mon amour entre Jules et toi, car j'ai découvert une petite réserve pour lui. » Ma mère a donc le tour de me rassurer.

Le nouveau conjoint

Vivre avec le nouveau conjoint a rarement les allures d'un conte de fées. D'ailleurs, même s'il était la personne rêvée pour toi, il aura probablement des croûtes à manger pour prendre une place importante dans ta vie.

L'éducation que ton nouveau beau-père ou ta nouvelle belle-mère a reçue est totalement différente de celle de tes parents. Tu te sens tellement prise entre les deux que tu te demandes ce qu'ils font ensemble? Pourtant, ils semblent filer le parfait bonheur. Dans une situation où tu te sens écartée, dans le cas où ça va plus ou moins bien dans une de tes familles, plutôt que d'alerter ton autre parent, ce qui ne ferait probablement qu'envenimer la situation, prends le temps d'avoir une discussion franche avec le parent concerné. Par ailleurs, sache que tes deux parents sont probablement des gens vers qui tu peux te tourner pour te confier et te guider vers ta vie d'adulte.

Truc : Organise un rituel avec un membre de la famille dont tu aimerais te rapprocher. Par exemple, une soirée au cinéma une fois par mois ou assister à un spectacle une fois par année, etc.

Quand l'année scolaire se termine, ma mère et moi allons nous faire donner un soin esthétique, et c'est toujours un beau moment.

Parler de sujets intimes avec mes parents ou mes beaux-parents

As-tu parfois l'impression que tes parents te voient comme une enfant plutôt qu'une ado? T'agacent-ils au sujet de l'amour et des gars? Ils semblent ne pas te prendre au sérieux. Peut-être aimerais-tu qu'ils te parlent plus respectueusement de tout ce qui concerne l'amour et la sexualité?

Beaucoup de parents aimeraient parler du sujet avec leurs adolescents, mais ils se sentent mal à l'aise. De plus, ils ont parfois peur de la réaction de leur ado. Tu aimerais briser la glace avec ta mère ou un autre membre de la famille? Profite du contenu de notre guide pour aborder un sujet avec eux. Tu pourrais leur poser subtilement des questions, mais encore mieux, leur faire passer les défis et les tests de la **Méthode ANISSAN©** et, ensuite, vous pourriez partager vos réponses.

 Truc : Organise une soirée de filles avec ta mère où vous lirez ensemble quelques passages de ce livre. Vous pourriez ensuite répéter l'expérience de temps en temps!

Les parents de mon amoureux

Les parents de ton amoureux sont totalement différents des tiens. Ils vous laissent libres de tout et leur indifférence te rend légèrement mal à l'aise. Ils vous laissent seuls durant des heures et vous en profitez pour vous embrasser et, surtout, vous toucher. Ils n'interviennent pas comme le feraient tes parents.

Quand je vais chez mon copain, c'est totalement le contraire de chez moi. Mes parents me surveillent beaucoup, alors qu'eux nous regardent à peine. Cette différence me déstabilise.

Cette liberté te fait réfléchir et c'est très bien. Le fait que tu y penses et que tu connaisses tes propres limites est un signe que tu te respectes et que tu es consciente de ne pas vouloir les dépasser. Rassure-toi, les parents de ton amoureux ont probablement fait leurs recommandations à leur fils en qui ils ont confiance, puisqu'ils ne te connaissent pas encore. Leur confiance se développera au fil de votre relation.

Il se peut aussi que des parents vous encadrent, vous disent quoi faire, et tu as peut-être l'impression qu'ils sont derrière ton épaule à tous moments! Pourquoi ne pas faire preuve d'ouverture et de respect envers leur façon de s'impliquer dans votre couple? Plus tu gagneras leur confiance, plus il y aura de chance qu'ils vous laissent peu à peu de la liberté. Si tu sens malgré tout que tu étouffes, n'hésite pas à en parler avec ton amoureux, qui décidera s'il peut en discuter avec ses parents.

Ma mère passe beaucoup de temps à placoter avec ma blonde lorsqu'elle est à la maison. Ça m'énerve, mais au moins, c'est signe qu'elle l'aime!

Responsable de
mon bonheur

Citation : Devenir responsable de son bonheur, c'est prendre son avenir au sérieux, sans se prendre soi-même au sérieux !

MOI, responsable de mon propre bonheur ?

Nous t'en parlions au début de ce livre et maintenant que tu l'as parcouru, nous croyons que tu as compris que les autres ne sont pas entièrement responsables de ton bonheur et, donc, que tu es à même d'accepter qu'ils aient bien peu à faire dans l'équation.

En fait, TU es toi-même responsable de la façon dont tu surmonteras les épreuves que la vie mettra sur ton chemin. Nous avons certes la volonté d'être heureux avec les autres, mais la seule personne qui peut t'aider à être vraiment heureuse, c'est toi et seulement toi !

Quelle que soit la peine et les raisons qui pourraient affecter ton bonheur, TA vie se poursuit et n'attend que toi pour dire comment les choses vont se passer. En suivant la **Méthode ANISSAN©**, tu comprends un peu mieux maintenant que, pour avoir du bonheur dans ta vie, il est préférable de te connaître et d'assumer tes choix. En te connaissant mieux, tu comprends maintenant la place qu'occupent les autres dans ta vie et la force qu'ils opèrent sur toi!

Responsable du bonheur de quelqu'un?

Une personne met-elle son bonheur entre tes mains? Vis-tu de la pression à cause de cela? Peu importe que ce soit une amie, un parent ou un amoureux, n'accepte pas cette responsabilité et ne la prends pas sur tes épaules.

Tu es prête à échanger, mais le bonheur de cette personne réside dans sa façon de voir la vie. Elle n'est ni ton enfant ni ta responsabilité; tu la respectes, tu l'aimes, mais elle doit apprendre à ne rien exiger de toi en ce sens.

Il arrive que certaines personnes mettent tous les torts sur le dos des autres, et leur meilleur moyen de le faire est de ne rien décider par elles-mêmes. L'amour est un échange dans les deux sens. Être en relation avec quelqu'un qui ne s'implique pas et te laisse prendre toutes les décisions n'est pas la meilleure des relations.

J'haïs les gens qui ne m'appellent jamais, mais qui attendent que le téléphone sonne.

S'aimer soi-même

Oh là! Ça ne veut pas dire de te regarder dans le miroir et de t'envoyer des bisous! Trouves-tu bizarre que l'on te propose de t'aimer toi-même? Pourtant, cela est tout à fait naturel. Tout le monde a des points à améliorer, mais si tu mets l'accent sur tes qualités, tu réussiras à oublier et à faire oublier tes petits défauts, et tu arriveras peut-être même à en rire.

Si tu passes ton temps à dire que tu ne vaux pas la peine et que tu es une moins que rien, il te sera difficile de t'aimer.

L'amour, c'est apprendre à s'aimer soi-même, comme on demande aux autres de nous aimer.

Apprendre à être aimée par quelqu'un

Se laisser aimer par quelqu'un, c'est un peu comme un chevalier qui dépose son arme par terre devant l'ennemi. Accepter l'amour de quelqu'un, c'est ne pas être sur la défensive. Il s'agit de ce moment particulier où tu te dis: «D'accord, je plonge, je fais confiance à quelqu'un.» C'est se montrer tel que l'on est et se rendre ainsi vulnérable. Cela peut parfois faire peur, puisqu'on devient fragile face au regard de l'autre.

Apprendre à être aimé, c'est un peu comme si tu étais sur un plongeoir de cinq mètres: tu installes tes pieds, tu allonges tes bras, tu respires un grand coup et tu te projettes en avant en espérant que ce soit le plus beau plongeon de ta vie. Ça fait un peu peur au début, mais c'est le propre d'une relation. Se laisser aimer, c'est aussi accepter la possibilité d'avoir mal et de souffrir.

Tu ne peux pas éviter les conflits et les peines qui viennent avec l'amour. Bien qu'elles ne soient pas obligatoires, les peines que nous vivons forment l'humain et, souvent, le couple que nous devenons. Nous croyons que le respect entre les partenaires, la confiance en soi et la communication sont des ressources essentielles à une bonne entente dans le couple.

À toi d'en faire une richesse, puisque tu as compris qu'en tant qu'adolescente, et plus tard en tant que femme, tu auras à faire de nombreux ajustements concernant tes choix et tes relations avec les autres. Ta volonté et ton ouverture en lien avec cet apprentissage seront le moteur de ta qualité de vie et de ton niveau de bonheur.

Prête à relever un défi de taille !

Ton dernier défi, et non le moindre, consiste à remplir un contrat d'engagement envers toi-même ainsi qu'à respecter toutes les clauses de ce contrat.

Le respect de cet engagement te donnera estime et confiance en toi afin de devenir la principale responsable de ta vie, de ton bien-être et de ton bonheur.

☐ J'accepte de relever le *Défi 10 – Le défi ultime* et je vais à l'instant compléter mon contrat à la page suivante.

Contrat d'engagement d'ANISSAN©

Entre _____
(Ton nom en lettres détachées)

Et _____
(Tu écris ton nom en lettres détachées une deuxième fois, puisque c'est un engagement envers toi-même.)

En tant qu'adolescente ayant le souci d'appliquer la **Méthode ANISSAN©** :

• Je reconnais que je suis responsable de mon bonheur et d'une grande partie de mon bien-être.

• Je prends conscience qu'il est important d'avoir un certain équilibre dans les différents carpelles, soit les sphères de ma vie.

• Je m'engage à prendre soin de moi chaque jour.

• Je communique avec les autres avec authenticité et respect.

• Je choisis d'agir en fonction de mes VP en les gardant en tête lorsque je me sentirai indécise devant une décision à prendre.

• Je reconnais les efforts que je fais, ainsi que mes qualités, mes forces et les compétences qui me distinguent et font de moi la personne unique et extraordinaire que je suis.

• Je m'efforce de donner le meilleur de moi-même afin de ressentir un sentiment d'accomplissement et de fierté.

• Chaque jour, je ressens de la gratitude face au bonheur qui m'est offert.

• _____
(Ajoute un objectif personnel.)

_____
Signature

291

Le générique du film de ta vie

Producteur : Toi-même

Producteurs exécutifs : Tes parents ou mentors

Réalisateur : Toi-même

Acteur principal : Toi-même

Acteurs de soutien : Ta famille, tes animaux de compagnie, tes amis, ton chum, ton modèle, tes éducateurs, …

Figurants : Ta parenté, tes voisins, tes collègues de classe ou d'activités parascolaires…

Chargés de production : Tes intervenants scolaires ou sociaux, ton entraîneur…

Scénario et dialogues : Film d'amour, d'horreur, d'action, comédie, film historique, de science-fiction ou drame

Adaptation : Annie Germain et Sandra Paré

Régisseurs : Tes parents ou mentors

Script : Toi-même

Directeurs de la photographie : Toi-même, ton chum, tes amies

Responsable photo et vidéo : Celui qui tient la caméra ou le cellulaire

Responsable du son : C'est toi, le D.J. !

Crédit musique : La musique de ton ancrage (défi 4)

Remerciements : Remercie la vie !

Dépôt légal : Contrat d'engagement d'**ANISSAN**©

Remerciements : Toutes les personnes de ta vie pour qui tu ressens de la gratitude

Tous droits réservés : Toi-même

Ce sont tes parents qui ont écrit les premières scènes du scénario de ta vie et qui se sont occupés d'une grande partie de la réalisation. Maintenant, tu es la principale productrice, réalisatrice, interprète et scénariste de ton propre film. C'est donc à toi de faire le choix du scénario et des scènes que tu décideras de jouer. Choisiras-tu d'en faire un drame, un film d'horreur, une comédie ou autre ? Tout au long de ta vie, tu auras à franchir des obstacles, comme lors du tournage d'un film, qui est parfois difficile, parfois facile.

Si tu choisis le film **d'horreur** comme scénario, tu as fait le choix de vivre dans la peur. La peur d'être seule pour toujours, de ne pas plaire, d'être laissée, etc. Tout ce que tu imagines t'empêche d'avancer avec espoir et assurance. Ce genre de film finit généralement mal ou ne finit jamais. L'actrice principale vit de durs moments et elle alimente la croyance que le pire reste à venir. Elle hésitera probablement à s'investir dans une autre relation.

Peut-être choisiras-tu d'en faire un **drame** en prenant le rôle de la pauvre victime qui s'apitoie sur son sort ? On retrouve l'actrice de ce type de film pleurant dans les bras d'une amie pendant des semaines suivant un événement malheureux. Elle ne fait pas la nuance entre la peine et un vrai drame. Elle a la croyance qu'elle n'a pas de pouvoir sur sa vie, et son destin est de souffrir.

Celles qui font le choix de vivre en se remémorant constamment des moments difficiles produisent des films **historiques**. Elles passent leur temps à se rappeler les expériences passées, bonnes ou mauvaises. Elles reproduisent constamment les mêmes erreurs en ne regardant pas vers l'avenir.

Les productrices de **fiction** déforment la réalité. Elles vivent dans l'avenir en cherchant à transformer les autres. Que ce soit de la science-fiction ou non, elles se projettent dans le futur, imaginant constamment le pire. Elles ont l'impression de vivre dans un monde parallèle en adoptant un avatar qui leur sert de couverture face aux autres.

Si tu fais de ta vie un film **d'action,** il te gardera en haleine du début à la fin. En étant l'héroïne de ce type de film, tu éprouveras de nombreuses difficultés, mais si tu t'en sors, c'est parce que tu es une battante et que tu persévères. Tu as tendance à t'étourdir et à ne pas tenir compte de tes émotions et de celles des autres. Tu risques de t'épuiser et d'épuiser ceux qui t'entourent.

Il y a des adolescentes qui choisissent de créer un scénario de **comédie.** Le personnage principal d'une comédie est généralement une fille souriante, détendue et confiante. Elle a un grand sens de l'humour, puisqu'elle arrive à ne pas prendre les événements de façon personnelle. Toutefois, elle prend trop souvent les choses à la légère et elle a de la difficulté à s'investir sérieusement.

Tu as choisi de produire un film d'amour?

Dans ton film d'amour,
ajoute de la comédie en riant tous les jours.
Devant les horreurs de la vie, ne laisse pas s'éloigner le bonheur.
Quand tu as des frictions à la maison,
prends la bonne direction.
En ta grande et belle histoire d'amour, tu dois croire.
Ton ascension vers le succès n'est pas une fiction.
Tu es la seule et unique réalisatrice de ta vie.

Médiagraphie

Livres

BEAULIEU, Dany. *Techniques d'impact en psychothérapie, en relation d'aide et en santé mentale*, Montréal, Les Éditions Québecor, 2010, p. 89.

CLOUTIER, Richard et DRAPEAU, Sylvie. *Psychologie de l'adolescence*, Montréal, Les éditions Chenelière Éducation, 2008, 314 pages.

DALLAIRE, Yvon. *Guérir d'un chagrin d'amour*, Suisse, Éditions Jouvence, 2008, 95 pages.

DALLAIRE, Yvon. *Qui sont ces couples heureux?*, Québec, Option Santé, 2006, 285 pages.

De Saint-Exupéry, Antoine. *Le Petit Prince*, 1943, p. 83.

DE SAINT PAUL, Josiane, et LARABI, Christiane. *50 bonnes façons de renforcer estime et confiance en soi*, 2013, Paris, InterÉditions, 210 pages.

FONTAINE, Isabelle. *Empower*, Brossard, Éditions Un monde différent, 2010, 240 pages.

GERMAIN, Bernard, et LANGIS, Pierre. *La sexualité: regards actuels*, édition révisée, Montréal, Beauchemin, 2003, 602 pages.

LAMONTAGNE, Chantal, et BERNARD, David. *L'amour sexship*, Brossard, Éditions Un monde différent, 2012, 270 pages.

PARÉ, Sandra. *Savoir vivre, c'est facile! Guide de savoir-vivre pour les filles*, Montréal, Éditions La Semaine, 2010, 163 pages.

PARÉ, Sandra. *Savoir vivre, c'est facile! Guide de savoir-vivre pour les garçons*, Montréal, Éditions La Semaine, 2011, 195 pages.

Sterberg, R. J. «*A triangular theory of love*», Psychological Review, 1986, vol. 93, p. 119-135.

ZANI, B. «Dating and Interpersonal Relationships in Adolescence», sous la direction de JACKSON, S. et RODRIGUEZ-TOMÉ, H., *Adolescence and Its Social Worlds*, Hillsdale, NJ, England, Lawrence Erlbaum Associates, 1993.

Articles de périodiques

BELL, N. J., O'NEAL, K. K., FEND, D. et SCHOENROCK, C. «Gender and Sexual Risk», *Sex Roles*, 1999. vol. 41, n°s 5/6, p. 313-332.

BOYCE, William, DOHERTY, Marianne, FORTIN, Christian et coll. «Études sur les jeunes, la santé sexuelle, le VIH et le sida au Canada. Facteurs influant sur les connaissances, les attitudes et les comportements», Ottawa, Conseil des ministres de l'Éducation du Canada, Stratégie canadienne sur le VIH-Sida, 2003, 162 pages.

Institut de la statistique du Québec. *Enquête québécoise sur la santé de la population (EQSP) 2008 – Pour en savoir plus sur la santé des Québécois*, novembre 2010, tableau 9.3.

Institut de la statistique du Québec. Fichier maître de l'*Enquête québécoise sur la santé des jeunes du secondaire (EQSJS) 2010-2011*. Tiré du rapport de l'onglet *Plan commun de surveillance*, produit par l'Infocentre de santé publique à l'Institut national de santé publique du Québec, le 26 octobre 2012.

Ministère de la Santé et des Services sociaux. «Pour une nouvelle vision de l'homosexualité (Guide du participant)», 2011, 288 pages.

Statistique Canada. Fichier de microdonnées à grande diffusion de 2009-2010 de l'*Enquête sur la santé dans les collectivités canadiennes (ESCC)*. Tiré du rapport de l'onglet *Plan commun de surveillance* produit par l'Infocentre de santé publique à l'Institut national de santé publique du Québec, le 3 octobre 2012. Mise à jour de l'indicateur le 1er mai 2012.

Sites Internet

«Au-delà des stéréotypes», étude menée dans dix pays par Dove, 2005. Guide d'activités pour l'estime de soi, www.dove.ca/guide d'activités pour l'estime de soi, p. 2.

Canada. Parlement du Canada, 2007, [En ligne]. [www.parl.gc.ca/About/Parliament/LegislativeSummaries/bills_ls.asp?ls=c22&parl=39&ses=1&Language=F] (page consultée le 1er juillet 2013)

Éducaloi. *Le consentement aux soins d'un mineur de 14 ans et plus*, 2013, [En ligne]. [www.educaloi.qc.ca/capsules/le-consentement-aux-soins-dun-mineur-de-14-ans-et-plus] (page consultée le 15 octobre 2013)

Gouvernement du Québec. *Les orientations gouvernementales en matière d'agression sexuelle*, 2001, www.mfa.gouv.qc.ca/fr/publication/Documents/CF_orientations_agression_sexuelle.pdf] (page consultée le 15 octobre 2013)

Gouvernement du Québec, Santé et Services sociaux. *Comment savoir quand la consommation devient problématique?*, 2013, [En ligne] [www.parlonsdrogue.com/fr/questions-reponses/comment-savoir.php] (page consultée le 15 octbre 2013)

La société des obstétriciens et gynécologues du Canada. *Masexualite.ca*, 2012, [En ligne]. [www.masexualite.ca/sante-sexuelle/la-sexualite-et-la-loi] (page consultée le 1er juillet 2013)

MARLEAU, Denis. *La force des mots*, 2007, [En ligne]. [www.radio-Canada.ca/arts-spectacles/PlusArts/2007/11/02/002-othello-marleau-ubu.asp] (page consultée le 5 novembre 2013)

Réseau de l'action bénévole du Québec (2013) *Importance de l'action bénévole* [En ligne]. [http://www.rabq.ca/importance-action-benevole.php] (page consultée le 20 septembre 2013)

RONDEAU, Lorraine, et autres. *Les relations amoureuses des jeunes : Écouter pour mieux accompagner*, 2008, [En ligne]. [www.santepub-mtl.qc.ca/Publication/PDFjeunesse/relationsamoureuses.pdf] (page consultée le 5 juillet 2013)

Santé et services sociaux du Québec. *Comment te sens-tu dans ta relation amoureuse?*, 2005, [En ligne]. [www.aimersansviolence.com/fr/tonCouple/questions.asp] (page consultée le 20 août 2013)

SERVAN-SCHREIBER, David. *Ados : un cerveau …immature!*, 2004, [En ligne]. [www.psychologies.com/Famille/Ados/Le-monde-des-ados/Articles-et-Dossiers/Ados-un-cerveau-immature-!/3] (page consultée le 5 novembre 2013)

Film

Catherine Hardwicke, *Twilight : La fascination*, film cinématographique, 2008, 121 minutes, DVD.

Ressources pertinentes

Il est normal d'avoir de nombreuses questions afin de se sentir rassurée à propos de certains sujets. Toutefois, fais attention à la provenance de certaines informations. Assure-toi que ce sont des sites fiables et pertinents.

Nous te proposons des ressources téléphoniques et des sites Internet que nous avons judicieusement choisis en lien avec divers sujets abordés dans le livre. Certains sites véhiculent une vision irréaliste de certains sujets, dont la sexualité. Nous t'invitons à faire preuve de jugement critique si tu fais le choix de visiter d'autres sites que ceux-ci.

Lois

Avenue Justice Alternative
www.justice.gouv.qc.ca
450 581-1459

Santé sexuelle

Ligne info santé, 24 heures par jour : 811

La société des obstétriciens et gynécologues du Canada
www.masexualite.ca

www.itss.gouv.qc.ca

www.jcapote.com

www.servicevie.com
www.jeunesensante.ca

Grossesse secours
www.sosgrossesse.ca
Grossesse secours à Montréal : 514 271-0554
Grossesse secours à Québec : 418 682-6222
La ligne de SOS Grossesse Estrie : 819 822-1181 ou sans frais :
1 877 822-1181

Orientation et identité sexuelle

Le Néo (Regroupement d'entraide pour la jeunesse-allosexuels de
Lanaudière)
www.le-neo.com
450 964-1860

Gai-Écoute (homosexualité, bisexualité)
www.gai-ecoute.qc.ca
514 866-0103
Ailleurs au Québec : 1 800 505-1010

www.alterheros.com

Abus sexuels, violence corporelle

Le Calacs : www.rqcalacs.qc.ca

www.aimersansviolence.com

Drogue et alcoolisme

www.jarrete.qc.ca

www.lagangallumee.com

www.parlonsdrogue.com

Drogues, aide et références
1 800 265-2626
www.info-reference.qc.ca/drogue.html

Communication avec les parents

www.jparle.com

Écoute téléphonique

www.teljeunes.com
1 800 263-2266
Texto : 514 600-1002

Jeunesse j'écoute :
www.jeunesse.sympatico.ca
1 800 668-6868

Remerciements

Merci à toi, Benoit, l'homme avec qui j'ai la chance de partager ma vie. Ton amour, ta confiance, ton écoute et tes encouragements sont plus que précieux dans la réalisation de mes projets, qui sont aussi mes passions.

Annie

Merci, Francis, de ta patience et de ta grande collaboration. Tu as certes participé à tous mes livres, mais encore plus pour celui-ci, de par la disponibilité que tu as su m'offrir. Merci d'être là à mes côtés et d'être l'homme que tu es.

Sandra

Merci, Ariane et Kassandra, de votre patience durant l'écriture de ce livre. Vos mamans respectives ont été moins présentes dans votre vie afin d'aider plein d'autres jeunes femmes à devenir aussi splendides que vous! Quel plaisir de grandir en tant que mère à vos côtés! Vous contribuez grandement à notre bonheur au quotidien. Merci de croire en nous.

Merci à Annie Tonneau pour votre confiance. Merci à Jean-François, à Lyne, à Géraldine et à tous les gens qui ont collaboré à la publication de ce livre.

Merci aux adolescentes et adolescents qui ont collaboré de près ou de loin au contenu ou aux idées de ce livre. Vous avez été une grande inspiration pour nous.

Merci à Marigil d'avoir apporté son grain de sel au contenu de cet ouvrage. Nous espérons que ta collaboration sera remarquée positivement dans ton cheminement professionnel.

Merci à notre collaboratrice Marie-Élaine pour ses commentaires pertinents et sa grande disponibilité. Sa collaboration nous aura permis de réévaluer nos positions et certaines de nos idées.

Merci à toutes celles qui ont vérifié le contenu de cet ouvrage afin de s'assurer que nous couvrions bien les sujets auxquels vous teniez vraiment. Nous vous en sommes très reconnaissantes.

Merci aux «ressources» professionnelles et, surtout, aux éducateurs qui, grâce à leur dévouement, nous permettent de faire grandir nos jeunes de façon remarquable! Nous regardons avec vous dans la même direction, pour le bien-être de nos jeunes, qui sont le reflet de notre société.

Annie et Sandra

Les auteurs sont disponibles pour des conférences.
www.delamour.ca
wwww.anniegermain.com
www.sandrapare.com

Table des matières

Préface de Sandra 5

Préface d'Annie 7

Petites notes pour la lectrice 9

Chapitre 1: Qu'est-ce que l'amour? 11

Défi 1: Tenir un journal "coups de cœur" 24

La méthode Anissan 26

Chapitre 2: L'amour et les autres 37

Défi 2: Parle-toi... afin de "travailler" ton estime personnelle 44

Chapitre 3: Quels sont mes besoins émotionnels? 47

**Défi 3: Ton tatouage intérieur, ton slogan:
un engagement envers toi-même!** 56

Chapitre 4: Quels sont mes besoins physiques? 61

Chapitre 5: Comment reconnaître l'amour? 65

Chapitre 6: L'amour en action 73

Chapitre 7: Amour et stéréotypes sexuels 79

Chapitre 8: La jalousie, une preuve d'amour? 83

**Défi 4: Ancrage (ou comment se connecter
à la chaîne estime de soi** 87

**Défi 4 (suite): Choisis un geste
pour accompagner ton ancrage** 89

Chapitre 9 : Craintes et stéréotypes sur la beauté.............................. 93

Défi 5 : La beauté à travers les yeux de mes amies......................... 97

Chapitre 10 : La séduction... 103

Défi 6 : Belle au naturel... 116

Chapitre 11 : Hygiène physique.. 117

Chapitre 12 : Quels sont tes modèles de beauté ?............................ 125

Chapitre 13 : Mon amour, mon prince... 127

Chapitre 14 : Mon amour, ma princesse.. 137

Chapitre 15 : Mon prince est-il un adulte ?...................................... 145

Chapitre 16 : Les abus sexuels.. 151

Cahpitre 17 : Les premières fois.. 153

Défi 7 : Oser sortir de la zone de confort..................................... 155

Chapitre 18 : Les premières fois : le premier rendez-vous................. 157

Chapitre 19 : Les premières fois : le premier baiser.......................... 161

Test : tu as déjà embrassé quelqu'un... 164

Chapitre 20 : Les premières fois : les caresses............................... 167

Chapitre 21 : Les premières fois : faire l'amour............................... 171

Chapitre 22 : Les premières fois : les caresses spéciales.................. 175

Chapitre 23 : La sensualité… La quoi ?... 185

Chapitre 24 : Culpabilité et manipulations....................................... 189

Chapitre 25 : Les peurs et le rejet.. 191

Test : Es-tu vraiment authetique (naturelle et vraie) ?................... 193

Défi 8 : Rédiger une lettre d'amour.. 197

Chapitre 26 : Les peines d'amour... 199

Chapitre 27 : Amour et argent... 211

Défi 9 : Le coffre au Bonheur... 213

Chapitre 28 : Amour et médias sociaux... 215

Chapitre 29 : Amour et santé.. 227

Chapitre 30 : Contraception et ITSS.. 231

Chapitre 31 : L'amour à l'école.. 237

Chapitre 32 : Fidélité et engagement.. 241

Chapitre 33 : Apprendre à mieux communiquer pour mieux aimer........ 243

Chapitre 34 : Les partys.. 255

Chapitre 35 : Amour et dépendance à l'alcool et aux drogues............. 269

Chapitre 36 : Ceux qu'on appelle "les gangs".................................... 275

Chapitre 37 : Nos parents, nos amours.. 277

Chapitre 38 : Responsable de mon bonheur....................................... 287

Défi 10 : Le défi ultime.. 290

Chapitre 39 : Générique du film de ta vie.. 293

Médiagraphie... 297

Ressources pertinentes... 301

Remerciements... 305

MARQUIS

Québec, Canada

Achevé d'imprimer au Canada
par Marquis Imprimeur inc.